[英国] 肯尼思·米诺格 著　龚人 译

牛津通识读本·

政治的历史与边界

Politics

A Very Short Introduction

译林出版社

图书在版编目（CIP）数据

政治的历史与边界/（英）米诺格（Minogue, K.）著；龚人译. —南京：译林出版社，2013.1（2023.7重印）
（牛津通识读本）
书名原文：Politics: A Very Short Introduction
ISBN 978-7-5447-2982-6

Ⅰ.①政… Ⅱ.①米… ②龚… Ⅲ.①政治学－研究 Ⅳ.①D0

中国版本图书馆 CIP 数据核字（2012）第 133541 号

著作权合同登记号 图字：10-2014-197 号

政治的历史与边界 ［英国］肯尼思·米诺格 / 著 龚 人 / 译

责任编辑 许 丹 何本国
责任印制 董 虎

原文出版 Oxford University Press, 1995
出版发行 译林出版社
地 址 南京市湖南路 1 号 A 楼
邮 箱 yilin@yilin.com
网 址 www.yilin.com
市场热线 025-86633278
排 版 南京展望文化发展有限公司
印 刷 江苏凤凰通达印刷有限公司
开 本 890 毫米 × 1260 毫米 1/32
印 张 8
插 页 4
版 次 2013 年 1 月第 1 版
印 次 2023 年 7 月第 14 次印刷
书 号 ISBN 978-7-5447-2982-6
定 价 39.00 元

序言

张凤阳

对初涉政治学的中国读者来说，肯尼斯·米诺格的名字可能有些陌生。但在欧洲知识界，这位业已退休的伦敦经济学院教授，却一度是出镜率很高的公众人物。他做过《泰晤士报》的专栏作家，还录制过名为“新启蒙”的电视节目。一位有着如此经历的学者，晚年撰写一本政治学的入门小册子，想来是很自然的。但是，考虑到米诺格主要凭先期出版的《自由性灵》、《民族主义》、《异化的权力》等学术力作而赢得了自己的声望，我们就应该恭敬地看待手头这本似显平常的通识作品。在某种意义上，这本小册子是米诺格长期理论思考的凝练表达，否则，我们就无法理解，借着一本小书，他为什么能深入浅出地讲一些大道理，而且讲得那么通畅，那么令人三思。

在日常言谈中，人们往往把政治比作游戏。但在历史上，参与这种游戏却要冒很大的风险。涉身官场的每一个人，大略都能体验到如履薄冰的滋味，更不用说高层权力斗争的流血和死亡所营造的那种恐怖气氛了。现代政治的一个文明化表现，也许就在于使从政不再成为一种引来莫名杀身之祸的高危职业。今天，虽说政客之间和政党之间的角逐依旧暗含着阴谋伎俩，但是，宪政法治的制度框架，毕竟为政治活动提供了基本的游戏规则。正是靠着这些规则的约束,政客和政党的表演不仅看来益发轻松,而且,其行动逻辑也有了更多的理性化色彩。缘此,那些掌握系统论、博弈论、统计学等数理方法和先进计算机工具的当代学者,便试图像科学地研究自然一样科学地研究政治。他们挖资料,采数据,建构起一种又一种解释框架,不断提高着政治行为分析和政治过程研究的科学化水准,也直接或间接地为政治决策提供了更具操作性的参谋意见。但是,政治学研究只能沿着这样的路线朝前走吗?米诺格说:"现代社会就是资料慢性中毒的社会。"这话几乎明示了对行为主义政治学的批评。

本书使用了若干通俗类比,其中颇具深意的,是把国家喻作一艘航船。"政治就是驾驶国家这艘航船的艺术。"一如航行需要灯塔,国家的治理也需要理想的指引。因此,政治学不能在好政府与坏政府之间保持中立。米诺格告诉我们,在思考良政善治这一重大问题的时候,历史方法也许比科学方法有用得多。于是,本书就试图通过历史的巡礼,给人们指示一条理解政治的路径:希腊民主如何诉诸公民参与;罗马共和怎样培育公民美德;基督教在何种意义上构成了文明发展的重要一环;国家的政治整合与个人的自主独立为什么成为政治现代性的双重面相;以及,为谋求国家权力与个人权利之间的良性均衡,现代政治文明如何从传统中提取价值资源,又怎样超越古典主义,在更高水平上构建了崇尚自由的宪政民主体制,等等。也许可以说,高屋建瓴和娓娓道来的历史叙事,是本书最引人入胜的一部分。

作为一个理论造诣深厚的公共知识分子,米诺格熟悉文明史上的价值之争,更清楚"自由"、"民主"、"平等"之类的当代共识性政治话语所包藏的深刻分歧。所以,他更愿意启发读者去思考,而尽量避免代读者下结论。“为政治导航的最有用的工具是‘正义’”,也许是本书最旗帜鲜明的立场表达。但悉心揣摩,我们又会在这一立场表达背后发现某种思想的审慎。其辩证意涵是:在形而上的价值层面,追求正义俨如来自神圣之域的绝对律令,天然正当且永远有效;而在形而下的操作层面,若监察既定的政府组织或政策实践,看其有没有以及在多大程度上满足了正义要求,则必须用怀疑的目光来打量。在现实政治生活中,趋向正义的每一点进步,都应给予首肯;但对那些打着道德旗号彻底改造世界的政治运动,却应保持高度警惕。良好的政治生活与专制主义不相容,可是,专制主义并非只有一种。历史上曾大行其道的专制君主,今天已不再受人追捧;但包裹着理想外衣的意识形态,却带来了现代僭政的新隐忧。因此,应力戒道德的泛政治化和政治的泛生活化。历史告诉我们,“政治艰难地支撑着一个平常的世界”,但在这个平常的世界,“生活的大部分内容并不关乎政治,正如同踢足球的大部分内容不是与裁判争辩”。在这个意义上,米诺格说要防范政治的僭越,归根到底就是要防范公共权力的僭越。

在米诺格看来,我们或可制订出相对正义、自由和民主的政治规则,但仍无法解决在广阔背景中的人性叵测与文化差异。所以,向往理想只是问题的一个方面,而另一方面,则是要警惕种种或明或暗的“狭隘偏见”。也正因此,政治学处于“通识教育的核心”,它关切着我们在道德品性和经验生活中的双重幸福。

2008年4月2日于南京大学

目录

前言

托马斯·曼[1]说:“在我们的时代,人类命运的含义是通过政治语汇来昭示的。” 在大学里的许多学究看来, 这当然是对的——那些冬烘先生们相信,一个人不管是在读诗,还是在偷情,他必定同时也在表达一种政治观点。以常识判断,这一看法之荒谬并不下于认为“人类一切行为都是性表露”的那种庸俗化弗洛伊德观点。叶芝[2]曾经这样回应托马斯·曼:

那姑娘在眼前亭亭玉立
什么古罗马、俄罗斯
还有西班牙政治
我哪有心思读下去?

这里我们要把握的是常识。在政治中一切都是真实的,政治中讨论的问题只有对或错的分别(或多或少如此)。人们真的流血,真的死亡。政治艰难地支撑着一个平常的世界,我们可以于其中彼此交谈;而那些将人的经验化解为观念、眼界、知觉元素[3]、价值观、主流、文化等等的哲学家们,他们将摧毁这个平常

---

① 托马斯·曼(1875—1955),德国作家。——本书注释除特别注明外,均由译者添加

② 叶芝(1865—1939),爱尔兰诗人。

③ 英文为sensa,是经验主义学派使用的哲学名称。这一学派认为,经感官获得的知觉元素构成了人的认识。

世界。政治是一种活动，它支撑着人类生活的框架；但政治并不等于生活。怀疑主义哲学家、道德相对论者、激愤的学院派社会批评家、宗教理想主义者、富于幻想的预言家，这些人在我们的文明谱系中都有自己的地位，但他们对政治的干预却是一种不愉快的经历，近两个世纪以来尤其如此。经验告诉我们，政治尽管有能力安排许多种生活方式，却必须与上述冒险活动保持距离。然而政治活动的确可视为人类生活，充满了英雄主义和尔虞我诈。要想了解政治就必须懂得，政治是随着时间和地点的不同而千变万化的。

本导论力图在极短小的篇幅里置政治于学科与历史的双重语境中。本书试图让政治活动的理论和实践成为公众关注的中心，同时也要纠正一两个错误。然而笔者完全懂得：一种观点在一个人看来是谬论，却可能被另一个人当作至理名言。

肯尼思·米诺格

1994年9月

第一章

政治中为什么没有专制者的位置

据说古巴格达哈里发哈伦·拉施德[1]常会乔装成乞丐以访察民情。聚集在绝对权力周围的谄媚者们包围着哈伦，他只有使用迂回战术才能了解到真实情况。哈伦就是那个著名的伊斯兰国王，他宣布将山鲁佐德处死，可是山鲁佐德会讲好听的故事，讲了一夜又一夜，一共讲了一千夜。哈伦听得入迷，一再推迟执行死刑，最后竟娶她为王后。这个著名的故事生动地描绘出专制体制的形象：那种政体的秩序靠武力来建立，以恐怖来维系，朝令夕改，反复无常。

在专制政体中，有关秩序的最高准则取决于君主个人的好恶。然而专制体制也不是完全不讲正义的：正义在十分传统的社会里也普遍流行着——习俗主宰一切，人们把普遍流行的正义观念当作自然法则的一部分。每个人都在一个神授的体系中占有自己的一席之地。朝代的兴衰更替遵循着中国人常说的“天命”，但对农民来说，生活并没发生多大变化。君主的智慧主宰一切。公元前11世纪，以色列人和非利士人发生了冲突，以色

① 哈伦·拉施德（766—809），阿拉伯帝国阿拔斯王朝统治者，以残暴和骄奢淫逸闻名。

列人便到统治他们的先知撒母耳那里说，他们需要一个既能主持正义、又能带领他们打仗的王。撒母耳不赞成这个要求，还警告他们说，这样的王将会剥夺他们的财产，束缚他们的活力。但以色列人仍然坚持要像别的民族一样，立一个王。在当时的中东，"王"就是一个用专制的方式对待民众的统治者，与欧洲立宪制下的统治者很不一样。之后的情形是，以色列人很幸运地拥立了扫罗、大卫、所罗门这些著名的君王，他们使以色列人享有了一段短暂的安定，甚至为以色列赢得了一定的国际声誉。所罗门对两妇人争夺同一婴儿案的裁决[①]只是他传奇式智慧的一个最脍炙人口的例证。然而这些贤明的君王最终还是会采取暴虐的举措：最后所罗门规模浩大的工程所带来的沉重负担终于导致了以色列的分裂。

"专制主义"是一个笼统的名称，它包含许多不同的类型。非欧洲的各种文明几乎全都不可避免地被不同形式的专制体制统治过，而西方的思想创造则总是遭到各种专制统治者的敌视——从残暴的埃及法老到精神狂乱的罗马君王如卡利古拉和尼禄，还有印度和中国那样的远方异邦的皇帝。在欧洲，追求专制权力的人必须把自己伪装起来。欧洲人有时会被某种以诱人的理想主义面目出现的专制体制所蒙蔽——希特勒就使用过这种手法。这一事实提醒我们，专制主义在时间和空间上离我们都不远。许多国家至今还在专制主义统治之下，它随时都可能带来痛苦或死亡，人们就像生活在疯人院里。

今天我们将专制主义（连同独裁和极权）定义为一种政体。这会使古希腊人大为惊骇，因为古希腊人的独特（也是他们的

---

① 见《圣经·旧约·列王纪》。

民族优越感)恰恰在于他们不同于那些听任专制主义统治的东方邻居。这一观念上的差异告诉我们,政治在我们的文明中占据着如此中心的地位,以至于文化和环境的每一步变迁都会引起政治含义的变化。所以,我们想要理解政治,第一步就必须摆脱现有的未加思索的信念的束缚。为什么最初曾是某些西方国家的精英所从事的一种有限的活动,如今竟被看作是无处不在的人类关注的焦点?写作本书的目的之一就是解释这一过程的来龙去脉。

首先要看一看古希腊人赋予政治的价值观。希腊人最清楚地意识到,他们完全不同于东方人。希腊人赞赏埃及、波斯这些东方帝国的绚丽文化,却又鄙视这些国度的统治方式。他们把这种外国制度称作"专制主义",因为这种体制下治理者与被治理者之间的关系无异于主人和奴隶的关系。希腊人是武士,他们鄙夷东方臣民在君主面前匍匐下拜:他们无法忍受公民与当权者之间这种不平等的关系。两千多年后,我们完全继承了这种对匍匐下拜的习惯性反感,部分的原因是"匍匐下拜"是基督教中用来描述人与神之间的距离的一种意象。谈论这类问题的时候我们常用domination(支配)这个拉丁语词。古希腊人说的*despotes*(主人)和古罗马人说的*dominus*(主人)指的都是奴隶主所特有的那种权力。当代有许多语言符号表明这种意识在我们的自我认知过程中占有未受削弱的中心地位,例如现代英语中的dictatorship(独裁)和20世纪出现的新词totalitarianism(极权)。

专制主义的本质是,无论在事实上还是在法律上都不存在对统治者不受制衡的权力的挑战。臣民的唯一任务就是献媚。那里没有国会,没有反对党,没有新闻自由,没有司法独立,也没有法律来保护私有财产不受强权剥夺。一句话，没有公众舆论，只有专制统治者的强音。奇怪的是，臣民的这种被宰制状态倒使一些专制体制成为精神启蒙的著名发源地。在一个国度里，强权的反复无常也会引发一种回应，富有思想的臣民转向神秘主义、禁欲的斯多葛主义或是其他消极隐退的信仰。他们在超越感官的精神世界里找到了生活的真谛，而社会和政治生活则被贬低为一种幻象。这种趋势的后果往往是科学技术发展的长期停滞，只有短暂的繁荣算是例外。

多数社会都起源于军事征服，武力征服之后自然会产生专制制度，所以如果建立的是一种公民秩序或政治秩序，就应当被看作是了不起的成就。[①]欧洲人曾在三个著名的历史时期创建过这种秩序，但其中的两次都以公民秩序或政治秩序的崩溃而告终。第一次是古希腊的城邦时期。亚历山大大帝去世后，专制统治者就攫取了政权。第二次是古罗马时期。罗马人成功地建立了一个帝国，但帝国的成分实在太庞杂，只有专制政权能防止它解体。第一次的经历产生了斯多葛主义和其他的遁世哲学，第二次历史经历则为基督教的诞生播下了种子。典型的中世纪政治产生于基督教思想和西方的野蛮国家，从中世纪政治中又衍生出现代的政治制度。既然我们依旧生活在这样的历史进程中，就只好在历史不断的前进中理解政治，我们不知道前

① 作者有意区分专制(despotism)和政治(politics)这两个概念。政治专指以古希腊传统为代表的治理方式，所以政治体制中不包括专制政体。因此，本章标题中说“政治中没有专制者的位置”。实际上，本书中的“政治”一词有广义和狭义之分。狭义的政治即此章所说的与专制相对的政治；广义的政治指所有的政治，专制主义自然也包括在内。

进的终点究竟在何方。

然而我们的确知道，虽然反对专制曾是西方政治传统的主要基石，但如今人们对专制的抵制已经变得暧昧起来。近几个世纪以来许多人曾梦想运用专制政权所独有的无法抵御的强力来清除我们社会中明显存在着的弊病。在欧洲，专制主义的政治方案，即便十分富有哲理或识见，也会遭到失败，除非是把它的真实本质掩盖起来。既然政治在某种程度上只是一出幻象频生的剧目，人们就很容易发明出新名称、新观念。20世纪以各种极权主义形式出现的专制体制构筑了一个广大的政治实验场，各式各样创建完美社会的政治设想都在这里进行了演练。这些试验都失败了，这已经是大家公认的事实；但许多人却没有认识到，如此大规模的社会动荡必定与隐藏在我们文明深处的某种倾向相关联。因此，要洞察政治就不能不研究某些征兆——它们或许能揭示我们文明中某一个断层的深处隐藏着什么。

一个众所周知的线索就是当前私人生活与公共领域之间的界限。私人领域指的是家庭生活以及个人良知的领域——个人良知即个人凭自己的意愿选择信仰和兴趣。这种私人领域存在的先决条件是：具有统治权威的国家公共领域支持一个维护公民自主关系的法制体系。具有统治权威的公共法律体系对自己的权力进行限定，唯有在这样的条件下，政治才能存在。正如伯里克利[①]在纪念伯罗奔尼撒战争头一年阵亡的雅典人葬礼上发表的著名演说中所说："在私人生活中我们自由而且宽容；但在公共事务中我们严守法规。"当然，无论是就法律还是公民的

① 伯里克利（前495—前429），古希腊政治家。

态度而言，公共事务和私人生活的实际界限总是在变化。同性恋和宗教信仰过去曾受到公共领域的规制，现在则基本上属于私人领域；然而婚内强奸和残害幼年子女却越来越多地受到法律的干预。政治与专制的区别就在于是否承认公共领域与私人生活之间的界限——我们这里说的政治可以粗略地界定为自由和民主政治。

在典型的专制国家，社会中的一切都是专制君主的财产，但现代社会“公”与“私”的基本界限却被从另一个方向一步步侵蚀了：私人领域受到公共领域限制的部分在逐步扩大。如果任何引起争议的问题都被称作“政治”问题，如果像一个流行的口号说的那样：“个人的一切都属于政治”，那就没有一样东西是在政府控制的范围之外了。这种口号并没有得到普遍承认，然而它却是20世纪极权主义的基本准则，其后果显然是将个人限定在一个单一的控制体系之内，毁弃现代国家一直承继着的传统：经济、宗教、文化、社会、法律等不同的角色相互独立，各司其职。

“个人的一切都属于政治”之类的口号都是伪装成普世真理的行动计划。这类口号的意思常是模糊的，但口号中隐含的观点一遇气候便会活跃起来，要求实行与我们珍视的如个人自由之类价值观相抵触的政策。人们说，只有提高警觉才能保持自由，而警觉的一种重要形式就是留意政治语汇，这种语汇常能揭示事情的真相。

研究政治学首先就要注意变化的迹象。政治是一个幻觉舞台，粗心的观察者看不出它的底细。现实与幻象是政治研究的两个中心课题。首先碰到的就是政治制度和机构的命名问题。目前世界上流行的主要是西方政治模式，也就是说，每个国家都有一种政治体制，还有一套相应的机构和制度：议会、宪法、公民的各种权利、工会、法庭、报纸、部长等等——看起来全世界的政治都在按照同一种模式运行。事实却绝非如此。比如说，日本有一名被称作首相的政府官员，外国政治家就常闹误会，他们会很失望地发现，日本首相无法像其他国家的首脑那样不时颁布国家政策。1936年斯大林颁布了据说是全世界最先进的宪法，为苏联人民提供了权益和保障。事实上，就在颁布这部宪法的同时，斯大林正在用假审判的手段对苏联高层人士进行"清洗"。成百万的人被枪决。政客爱撒谎，这已经不是什么秘密，但最让世人迷惑的却是称谓与现实之间的这种扑朔迷离的关系。

首先，"政治"这个名词本身就含义暧昧。一个概念如果过分地延伸就会断裂而失去表意功能。"政治"本来只指君主、国会、部长们的活动，还包括那些帮助或阻碍这些人物取得权力的政治参与者的活动。除此之外的一切活动都属于社会生活或是私人生活的范畴。随着政府权力的扩张，几乎所有的东西都被以某种方式贴上了"政治"的标签。造成这一现象的原因很多，这里仅举一例：政府总是要把一切好事都归功于自己，反对党则总是要把一切坏事的账都算到政府头上，于是政府和反对党就在合力传播着一个观念，即一切事情，不管好事还是坏事，都是政策造成的。这种观念使得民众遇事就去向政府请愿，似乎一切利益都可以由政府来施予。这种做法又反过来加强了"一切事物事实上都是政治"的观念。

还有一个因素导致政治的功用和含义日渐扩大。在欧洲，从远古以来政治就一直是君主和大臣们从事的活动，历史主要描述的是他们的业绩。参与政治就等于获得了不朽。1953年菲德尔·卡斯特罗在古巴第一次夺取政权失败，在法庭上他为自己辩护说："历史将宣判我无罪。"他把自己看作一个历史舞台上的演员。凡欲名垂青史的人都会去从政。本可能成为克伦威尔[1]的人们不再满足于"不曾害国家流血"，他们再也不甘愿默默无闻地老死在宁静的乡村墓地。[2]他们从政去了。法国革命将这种荣誉带给了本该默默无闻的人物如罗伯斯庇尔、丹东、马拉、夏洛特·科黛、圣鞠斯特等。革命者是往历史这面墙上信手涂抹的艺术家。这是极端的例子，而在多数情况下这种希望不朽的热情以较为温和的形式在人人可投一票的普选中得到了满足。普选当然是一种通货膨胀，它使选票贬了值，但我们仍然认为选举是一项公民应当享有的重要权利。"艾利丝在历史上留下了痕迹"——这是英国报纸的一条大标题，报道一位南非黑人老妇1994年第一次投票的情况。

我们现代人（尤其是那些自认为生活在后现代的人们）特别容易对政治的本质产生误解：我们想出了种种巧妙的理由来证明我们的思想比我们的祖先高明得多。所有的文化群体都认为唯有自己信奉的信念最正确，然而今日受过教育的人们尤其无法摆脱当代各种偏见的束缚。比如说，进化的观点就使许多人认为，**我们的**信念都比前人的那些有明显缺陷的观点更伟大。当代流行的思潮的确否定了进化的观点，并明确指出我们

---

① 克伦威尔（1599—1658），曾领军推翻英王查理一世的统治，成为共和国的首脑，称"护国公"。

② 此处借用著名英国诗人托马斯·格雷（1716—1771）的抒情诗《墓园挽歌》。卞之琳对这句诗的翻译为"有一位克伦威尔，并不曾害国家流血"。

的观念带有浓厚的本地域和本时代的烙印；这种思潮还认为每一种文化都是平等的。表面看来，这种思潮像是一种怀疑主义，将我们从自己祖辈的傲慢中解放出来，因为这好像是把我们的观点降到了与世界上其他人同等的水平。这其实只是一个假象。当代流行的怀疑主义是一种虚伪的谦恭，它掩盖了这样一个顽固的信念：我们的开放心态使我们的相对人文主义比前人的僵化和异族文化的褊狭都要高明得多。

因此，撰写政治学著作的人必须警惕自己所处时代的狭隘偏见。在当代这种危险性决不低于往昔。人们广泛地意识到这种危险性，所以政治学一直处于通识教育的核心地位。希腊和罗马贵族学习法律、哲学、公共讲演术，以便完成血统高贵者才配承担的政治使命。政治成了一门核心课程，是因为它很快地变成一种自觉的活动。政治活动促使人思索，并产生出一种极优秀的叙述方式。哲学家如柏拉图和亚里士多德探索过政治的概念，历史学家如希罗多德生动地记载了政治演变的过程，政治学家如亚里士多德研究过各种政体以及制度运作的情况，伊索将政治智慧用寓言表达出来，著名的演说家如狄摩西尼和西塞罗创造了最有说服力的论辩形式，诗人写作政治题材的挽歌和讽刺诗，而历史事件中的政治场景最能激发莎士比亚等戏剧家的想象。没有一种认识或艺术创作从不涉及政治题材。

许多学术和艺术作品都是政治的镜子，只有把那些意象整合起来，形成一个完整的认识体系，我们才能把握它们的真谛。我们从政治家的急功近利和学究们的清高超脱那里都能学到不少东西，应当把对二者的研究结合起来。马基雅维利[①]追寻政治的“有效真理”，那只不过是为政治活动家服务的。“有效真

① 马基雅维利(1469—1527)，意大利政治家。

理”有许多疏漏。我们必须从我们政治概念的奠基者——古希腊和古罗马人那里开始，先讨论一下他们的各种不同观点。

第二章

古希腊人:怎样做一个公民

对于古希腊人来说,政治是一种新的思想方式、新的感觉方式,尤其是一种新的人与人的关系。公民们在财产、容貌、智力方面各不相同,但作为公民他们都是平等的。这是因为公民都是理性的人,而理性人类间唯一合理的关系就是说服。说服与命令的不同之处是,前者认为讲话的人和听话的人处在平等的地位。柏拉图在他的对话录《克里托篇》中对这种政治生活形式作了杰出的描述。哲学家苏格拉底因腐蚀青年罪被判死刑,有人要帮他逃离雅典,他拒绝了。苏格拉底说,逃跑就意味着在理性上背离他用毕生行为来表达的他对雅典城的忠诚。甚至行刑的方式也反映了一个基本信念:暴力不是处理公民间关系的妥善方法——他被准许饮毒自尽。这个希腊人自愿地遵守他的雅典**城邦**的法律,而且以此为荣。苏格拉底本人的身份与他的雅典城邦不可分离。最糟糕的命运是放逐,那是一种对公民身份的剥夺,(有时是通过"陶片放逐法"[①])将公民们认为对雅典政体构成威胁的那些政治家放逐到国外。

---

① 古代雅典公民可以在陶片上定下不受欢迎人的名字,并通过投票决定是否将某政治人物予以放逐。

我们在希腊人那里看到实现自由的大多数条件：人与人的关系完全平等，大家都只服从于法律，大家轮流做统治者和被统治者。希腊人是历史上最先创造出这种社会的民族；他们当然也最先撰写出探索这种生活经历的著作。政治是专门由新出现的被称作“公民”的人们从事的活动。政治可以具有多种形式，甚至像僭主和篡位者当权的那种低劣的形式，但后期的古希腊人都毫不动摇地相信：东方的专制主义不是政治。

以上所说是形式上的准则。希腊的各种准则在我们的文明中留下了深深的烙印。现实当然要复杂得多。平民派与寡头集团在城邦内斗得你死我活。农民生活在贫困的边缘，庄稼歉收时他们就可以沦为抵债的奴隶。城邦内的平等并没有给城邦**之间**带来平等关系，战争成了流行病。希腊人是健谈而又充满激情的民族，他们的政治常充满暴力，有时还会发生腐败。但这些都不妨碍他们取得辉煌的业绩，例如他们曾胜利地击退（最后征服了）邻国波斯。大量阅读希腊时代的文献会让人感到他们是我们的同代人：这些理性的古人用一种好像很容易理解的语言越过数千年历史向我们——希腊的文化后裔发出声音。除所有的共同之处外，他们仍和我们有极大的差异，如他们的宗教、习俗、对人生的看法。正是这种差异使研究希腊文明成为极有兴味的工作。

古希腊人是人文主义者，但和当代的人文主义（经过基督教的改造）大相径庭。他们的基本信念是：人是理性的动物，人类生活的意义在于实践自己的理性。人如果屈服于感情就可耻地沦为了低等动物。如果傲慢或狂妄使人以为自己和神灵一样伟大，他们就是忘记了自己的人类弱点，这样就会惹怒神灵而遭到毁灭性的报应。人类生命得以延续的奥秘就在于有自知之明，并适度地表现自己作为人的能力。在探讨法律和公共政策的时候人类找到了最高最纯粹的自我表达形式。只有在城邦的政治生活中才能享受到这种自我表达的快乐。

人文主义者常把希腊人当作自己的鼻祖，但希腊人的世界观有一个十分独特的（用现代语言来说是令人不安的）含义。既然一部分人的理性低于另一部分人，这部分人就是更低等的人。与主人相比，奴隶的理性就特别差。探讨这种观点的人，最著名者如哲学家亚里士多德，心里很清楚：有的奴隶很聪明，而有的主子很愚蠢。但他们只不过是在阐释他们心目中的希腊政治体制本身的理性基础。同样，他们认为妇女的理性低于男子，尽管亚里士多德曾说过，野蛮人把妇女和奴隶看成同一类人是完全错误的。于是，公民权只局限于成年男性自由人，在有些城邦甚至连这些人也不一定都能获得公民权。政治活动与战争行动混在了一起，这样女子自然只好待在家里了：她们不适合去战场上冲锋陷阵。由此看来，希腊人的观点似乎受到了他们所处时代的局限。然而希腊人在观察世界时极富想像力，他们毫不费劲地想象妇女创立了各种功绩：她们是骁勇的亚马孙族那样的女战士，她们在阿里斯托芬的喜剧《吕西斯特拉特》中用“性罢工”的手段取得了和平，她们在柏拉图的《理想国》中以守护人的身份充当“哲人王”的角色。但这些形象并非日常生活中的现实。

希腊的法律和政令不是出自一个专制君主的宫廷，而是经过在概念上平等的公民们聚在集市广场上讨论后得出的。这广场往往也是政治论坛。在法律（*isonomia*，这个词有时也用作民主的同义词）面前公民人人平等，在公民集会中每个公民享有均等的发言机会。在雅典这样的大城邦，一次公民集会可能会有数千人出席，所以在会上发言的主要是研习过讲演技艺的贵族，或是拥有一群追随者的头面人物。在民主政治中，许多公共职务是由抓阄来决定人选的，但主要职位靠选举，一般也是由有权势的家庭成员来担任。从修昔底德写的伯罗奔尼撒战争史中我们看到民主程序得到施行。例如第三卷中描述雅典人辩论如何惩罚反抗雅典霸权统治的米提林人的情景。享有盛名的领导人克里昂主张执行早已制定的消灭米提林男子并将他们的妇女儿童卖为奴隶的计划。克里昂的理由是现实的：要想维持一个帝国就必须准备在必要时采取无情的措施来防止它崩溃。他的辩论对手狄奥多托斯主张采取温和的手段，理由是无情镇压只会使雅典庇护国的人民一遇机会就拼死反抗。在这场生动的智慧之争中狄奥多托斯获得了胜利。

参加辩论的公民在私人生活中属于自己的“家庭”(*oikia*)，“家庭”是古希腊社会最小的生产单位。[①]希腊文*oikos*这个词(英文economics的词源)指的是一个由隶属关系组成的单位，即亚里士多德说的：女子从属于男子、子女从属于父母、奴隶从属于主人。希腊人在“家庭”的领域里享受天伦之乐，主要的物质需求也在这里得到满足：食物、温暖、住所、养育后代等等。这里是一个自然的世界，一切都有序运行。对于人工和自然的区别，许多文明都未作深究，但这却是希腊人认识世界的立足点。智慧存在于听从自然的支配，基于“自然”这一概念的形成方式，这一观点滋生出数种不同的哲学理论。希腊政治哲学就起源于探索这样一种矛盾关系：城邦一方面是自然的产物，另一方面又是人工的创造。

① 古希腊的“家庭”由自由人和奴隶组成，一个完整的家庭包括三种关系：主奴、夫妇、父子。

希腊男青年成年后可以走出“家庭”，步入集市广场。在广场上他终于可以超越自然需求而担负起社会责任，发表值得人们记忆的讲话，创立使他获得某种“永生”的功业。古典时期的希腊人已经相当自觉地将自己看成一种独特的文化存在。在从历史的角度来探索自己、探索世界的过程中，他们也同时开拓了人类经验的边疆。于是政治便与历史同时诞生了，因为政治和历史对于“人是什么”以及“什么值得留入人类记忆”这类问题的看法是相同的。

历史是对言辞和事迹的记忆，文字又是记忆的载体。在政治活动中，人们通过讲演来沟通，讲演是一门需要学习的技能。讲演者要善于把握观点、设计论辩结构、了解听众、懂得主要的人类情感，等等。公共政策的决策被拿到光天化日之下进行，接受公开的批评，这在人类历史上是破天荒的事情。一批被称为“智者”的教师将演说技巧编成教材来训练有抱负的贵族青年——他们得凭借用讲演打动听众的能力来积蓄力量。一次讲演就是一段将要流传千百年的表演。修昔底德所写的伯罗奔尼撒战争史大量引用了参战者们在讲演中发表的观点。这些讲演可以总括起来成为一部关于政治智慧与政治谬误的综合指南。

这种研究政治思想和政治行为的方法来自一个至今仍有影响的十分荒谬的信念：世界上发生的一切都是预先设计好的。希腊人相信他们的城邦是由半神半人的形象创建的，比如，吕库古建立了斯巴达城邦，忒修斯建立了雅典城邦。预先设计的架构若陷入绝望的境地就常会有智者来修复。在政治中最著名的例证就是公元前6世纪前期梭伦在雅典的业绩。梭伦推行的改革中有两个特点代表了希腊政治的基本特色。

第一，梭伦谨慎地将地域单位作为政治活动的基础，这就使各个家族或部落的成员融合在一起。现代社会的选区具有同样的功效：它将住在同一地域的形形色色的人们组合到一起，打破自然关系形成的界限，鼓励大家在整个居民区广泛利益的基础上参与政治活动。

第二，完成改革之后，梭伦有意地离开雅典十年之久，让别人来管理这新的政治体制——这是分权原则的雏形。因为若要实行严格意义上的政治，关键就在于必须设置一整套附有各种责任的抽象职位，而且从原则上说任何有能力的官员都可以担任这些职务。专制体制取决于专制者个人的品格秉性（他们往往是喜怒无常的），而政治体制的领导人则是按照职务所赋予的责任来行事。①

治理城邦国家的一套职位体系，再加上规定这些公职与国家之间关系的法律，这就构成了**宪制**（constitution）②。若是没有宪制就缺少了使政治有别于专制的那种道德规限。宪制在两个重要方面起作用：它一方面划定政府公职担任者的权限，另一方面作为前者的结果又为公民们提供了一个有规范的（却不是僵死不变的）空间。宪制使政治具有了运作形式，政治科学正是滥觞于对宪制的研究。

关于政治（与专制相对）的科学之所以能够产生，是因为政治本身按照规范的程序进行，虽然说到底政治是人类秉性的产物。关于专制体制，有一点是肯定的：再英明的专制主也迟早会

---

① 专制和政治的区别参见第一章注。

② constitution兼有"宪法"和"政体"两种含义。亚里士多德《政治学》中的constitution指与东方专制体制不同的那些政体，此处暂译为"宪制"，一般情况下译为"政体"。

被疯狂或是孱弱的继承人所取代。一个专制体制总是逃不脱一套固定的兴衰节律,就像四季的更替,这就使希腊人更坚定地相信,专制体制关乎奴役而远离自由,属于非理性的自然世界。宪制则属于理性世界, 可以用一种更加科学的方法来研究,不像专制体制那样难以捉摸——尽管宪制说到底也有缺陷。

首先, 各种宪制可以按照表明主要倾向的某些特点来分类。在所有的宪制中,统治者或是一个最高领导,或是一个由有权力的领导人组成的小群体,或是一个由多人参与的议会。由一个人,几个人,或许多人来治理一个国家,除这三种方式之外没有别的选择。在希腊古典时期的政治中,只有两大类不同的政体, 一类是寡头政体——据认为是代表富人和权贵利益的;另一类是平民政体——据说更关心穷人的利益,而且更倾向于使用暴力也更不稳定。

希腊政治学研究各种宪制,总结人的天性与政治交往间的关系。研究希腊政治学最有用的理论工具大概就是循环论。君主制极易蜕变成僭主政体①,僭主政体又被贵族政体推翻,贵族政体蜕变成剥削民众的寡头政体, 寡头政体被平民政体推翻,平民政体蜕变成动荡的暴民统治而使人民无法忍受,某个强有力的人物夺权变成君主,于是循环又周而复始了。这种政治理论被后期的一位名叫波里比阿的希腊人广为阐释且产生了影响, 他的主要目的是向希腊同胞解说罗马政治的特点;我们在柏拉图和亚里士多德的著作里还可以看到别种版本的循

① 亦称僭政。据亚里士多德《政治学》中译本(吴寿彭译,1983年商务版)注:希腊各邦的僭政兴于公元前7世纪,僭主大都出身贵胄,利用平民摧毁氏族长老领导,篡夺王位,独揽统治大权。

环论。

正如培根所说,知识就是力量。政治学中的周期律知识启发了这样的设想:也许可以设计出一种能打破这种循环的政治体制,使国家即使不能长存不灭,至少也能维持较长时期的稳定。打破循环、避免衰亡可以通过两个设想来实现。第一,政府的数种职能可以由不同的职能机构和议会团体来分担。行政决策需要由一个领导人作出,审议政策要由有经验的公民组成的一个小团体来进行,而法律是否能被接受、政府是否能作出反应,则要看是否能用有效的方式征求民众的意见。根据这种看法,就可以组成这样一种宪制:在上面提及的一个人、一小群人和许多人这三者之间分配权力。第二,这种权力分配还可以均衡富人和穷人的利益,防止以上任何一类人利用政治权力牟取经济利益。政治上的这种平衡和保持人体健康的道理相同,可以在相当长的时期内防止政治腐败的发生。这就是分权理论,它在西方政治中发挥了决定性的作用。作为一种理论,它也表达出政治家经常从实践中总结出的看法。例如英国就逐步演变成了一个在国王、下议院和上议院之间分权的政体,因而经常被引为分权制理论的现实例证。律师和政治家们都懂得这个理论,有时还会靠它引路,但实际上英国政治制度基本上是在英国本身的独特条件下产生出来的。

在亚里士多德看来,最佳的宪制——他称作“波里体”——必须具有一定的民主成分。他研究了许多种宪制,对政治变革的机制尤其感兴趣:他认为,革命的起因总是某种对平等的要求。亚里士多德本人既关心政治,又关心伦理,他提出了一个非常有意思的问题:一个好公民能同时做一个好人吗?一些国家的统治者会要求他的臣民采取错误的行动。希腊政治

(如同希腊世界里的一切）理论奠基于如此系统严密的理论建构，以至于人们常会感到，不管我们如何摸索着前进，我们总也离不开希腊人的经验所提供的几种有限的选择。换言之，政治判断是在有限的可能性中作出选择。这种观点假设人类本性是固定不变的。尤其在现代，这种观点受到了另一种观点的挑战：人永远是他所处社会的产物。我们现代人谈论的政治选择很少有希腊人未曾以某种形式提及的，希腊人还给后人留下了他们的理想——这的确是他们的专长：在哲学中，有柏拉图的《理想国》；在政治学中，有修昔底德在伯罗奔尼撒战争史中通过伯里克利之口讲述的雅典城的故事。

第三章

古罗马人：爱国主义的真义

希腊政治的基石是理性，罗马政治的基石是爱——爱祖国，爱罗马。罗马人把罗马城看作一个家庭，把罗马的创建者罗穆洛斯当作他们共同的祖先。这和希腊人大不一样，在希腊人看来，家庭在哲学上只代表着我们出于动物本能的需求，而政治则赋予我们一种超越动物本能的自由。正是伟大的基督教徒圣奥古斯丁将爱国主义宣传为主导罗马人的感情，部分的原因或许是他从罗马人的爱国情感中预见到激励基督徒的那种爱。"为祖国而死便是甘之如饴，死得其所"①，这是罗马诗人贺拉斯的一句诗，表达了长期以来被看作最为高尚的政治情感。然而时代总在变化，第一次世界大战中人类付出惨重伤亡代价之后，这句诗又常被用来讽刺人们被政治家的侵略计划裹挟而无可奈何的境遇。这一变化的原因何在，就是本章的一个重要议题。

希腊诸城邦是西方历史辉煌的一页，然而罗马仅以一座孤城拓展成一个帝国，而且在帝国衰亡之中又衍生出一门雄心勃勃、席卷全球的宗教。希腊人是聪明而富于创造力的理论家，罗

---

① 原文为拉丁语。

马人则是清醒谨慎的农耕武士，不像他们的前人那样容易受一种主张的摆布。我们从希腊人那里传承了思想，从罗马人那里继承了实践，这两者在现代欧洲诸国都留下了不同的影响。比如说，虽然英国人和法国人把罗马当作立国的绝佳样板，德国人对古希腊的崇拜还是超过了两者。但所有的欧洲人都从这两个不同的来源获得了探讨政治生活的词汇，例如希腊人的政治词汇“政策”“警察”，还有“政治”这个词本身；罗马人关于公民的词汇 “礼貌”“公民”“文明”。美国政治的构建和语汇显然都受到古罗马的影响。

罗马语汇实际上比希腊语的影响更深远，因为拉丁语作为讨论政治的语言不仅流行于罗马统治西方的时期，而且在欧洲一直延续到罗马灭亡后一千年， 直至16世纪现代国家出现之时。我们谈到罗马帝国的衰亡，但在罗马帝国（指西罗马帝国）政治势力消亡的同时，罗马教皇的精神帝国兴起了。在我们所说的“中世纪”（公元400至1500年），人们一直认为他们仍然生活在古罗马的废墟中。他们甚至曾经试图复兴罗马帝国。法兰克国王查理曼大帝公元800年在罗马登基①，神圣罗马帝国又以影子国家的形式持续下去，直至1806年被拿破仑取缔。拿破仑又用自己的王朝取代了罗马帝国，同时还在法国到处建立罗马风格的纪念碑。现代之初，马基雅维利在《李维史论》（1518年）中将罗马政治描述为欧洲政治的样板。马克思的说法则十分耐人寻味：法国革命是穿上古罗马服装演出的一场哑剧。

曾使欧洲人如此着迷的古罗马提供了各种值得研究的样板。中世纪晚期的意大利诗人但丁赞颂罗马帝国给世界带来了

① 查理曼大帝于公元800至814年为西罗马帝国皇帝。

和平;马基雅维利则罗列了早期罗马共和时期的优点。两个人都把罗马历史看作一个民族永远富有魅力的历险,这个民族自认为肩负着向全世界**普及文明**的重任。根据传说,罗马于公元前753年由罗慕洛斯建立,以后一直由国王统治,直到公元前509年"高傲者"塔尔坎被一个贵族集团的首领朱尼厄斯·布鲁图斯驱逐。据说是因为卢克雷蒂娅[1]被强奸的事件激怒了布鲁图斯。因此,罗马人把王权统治看作一种奴役,但他们在改造罗马政体的时候则表现出独特的政治创造性——在对政体进行彻底修正时却保留着原来的主要框架。即便对于王权也是如此:两名执政官取代了国王,共同掌管王室最高权力,却又设置了一名被称作"教王"[2]的宗教官员,保留了王权的退化形式。元老院掌管占卜(这是统治的象征也是统治的工具),这就延续了罗马的政治传统。罗马人中另一个主要的阶级——平民,总能获得一定的参政机会,但现在统治国家的不再是凌驾于贵族和平民之上的国王,而是行政长官,这样平民就感到不满足了。平民们认为受到了行政长官的压迫,便集体离开罗马,住到附近的一座山上。罗马人用他们最典型的方式解决了这个问题:通过协商决定增设平民自己的官员,称作护民官。罗马政治向后人提供的样板包括两个方面,一是罗马人用订立章程的方式解决危机,一是他们在战争中的丰功伟绩——先打败了邻国,又战胜了意大利南部的希腊诸城邦,最艰巨的是在三场拼死大战后击败了迦太基人。不久他们征服了希腊全境,开始统治整个地中海沿岸地区以及西欧,包括英格兰和德国的一部分。

罗马历史的发展贯穿着由共和转向帝制的诸多戏剧性事

① 传说中的古罗马烈女。——编者注

② 原文*rex sacrorum*,意为"管理圣事之王",暂译"教王"。

件的中轴。公元前44年马库斯·布鲁图斯、卡修斯和他们的追随者刺杀了尤利乌斯·恺撒，恺撒的侄子屋大维及其同伴马克·安东尼之后打败了刺杀恺撒的人。和马克·安东尼决裂之后，屋大维于公元前31年在亚克辛打败了安东尼。屋大维回到罗马后集中精力改革政体以适应新的局势。他取得了极大的成功——他统治的帝国在后来二百年间一直保持着共和的结构。

罗马是这样一种政治的极好样板：官员们在职务明确规定的权限范围内从事政治活动。对于权力，罗马人用两个词来表示一种重要的区别：一个是*potentia*，意指有形的确确实实的权力；另一个词是*potestas*，指的是一个职位中包含的合法权利和权力，此外，所有职位共享帝权，即罗马国的权力总量。

然而这两种权力之外，还有一个概念，它构成了罗马人对政治的最杰出贡献：*auctoritas*（权威）。值得注意的是，这个词代表政治与罗马宗教的结合点。罗马宗教包含家族崇拜，从而也包含祖先崇拜。*auctor*或称“创始者”，指某件事物的创始人或发起者——这事物可以是一座城市、一个家族，甚至一本书、一个观点。“权威”储存在元老院里，作为最接近祖先们的一种力量。权威的作用大于咨询，小于指令，而罗马人对它的尊重则是他们政治技巧的真正源泉。权威绝不是一种政治权力，但负责公众事务的人们不会轻视它的作用。

罗马强大起来之后引起了许多民族的兴趣。公元前2世纪罗马征服整个希腊时，希腊历史学家波里比阿向他的希腊同胞分析了这个世界新霸主的情况。波里比阿谙熟希腊人的政制蜕变循环论，他认为罗马成功的原因在于它的政体不能归结为君主制、贵族制或民主制中的任何一种，而是三种政体的成分兼而有之。他说，这种权力的组合构成了“一个联合体，它强大的力量足以应付任何危机，所以没有任何一种形式的政体能胜过它”。波里比阿最赞赏元老院在面对罗马历史上最惨重的失败时的坚定态度：公元前218年罗马军队在坎尼战役中败于迦太基人汉尼拔手下。汉尼拔派一批罗马俘虏回罗马去谈判其他在监俘虏的赎金事宜，并让他们保证在谈判后返回迦太基。尽管形势严峻，罗马人仍然拒绝赎回自己的战士，但却把前来谈判的俘虏们又送了回去以信守诺言。

罗马的声誉主要建立在它的道德力量上，所有与罗马打过交道的人们对这种力量都深有感受。在罗马，贿赂官员是死罪。罗马人是可靠的，他们绝不食言。波里比阿感到有必要向爱嘲讽人的希腊同胞解释罗马人的这个特点：罗马人的确迷信地认为有罪的人死后会受罚，但只是因为这是让人们保持美德的最佳方法。犹太人在大约同一时期与罗马人相逢，他们对罗马这个如此忠诚的盟友也有类似的赞赏：他们说，罗马的将军们“从不企图通过登上王位来满足个人的野心”。在罗马时代的早期，罗马人对国家的爱高于一切。但后来成功和财富腐蚀了罗马人，在他们曾鄙夷过的专制体制的强势之下他们堕落了。美德和自由一起衰亡。正是罗马的文献，尤其是西塞罗的著作，使得后来的欧洲人相信，德行是实现自由的先决条件。

波里比阿尽管目光敏锐却未能认识到罗马最不同于希腊的一个特征，也是使罗马政治独具特色的一个重要因素：权威。崇尚权威的精神发展为罗马人的信念——祖国的利益高于个人的利益(比如保住自己的性命)。这种道德观体现在许多罗马英雄的故事里。然而在爱国的大前提下，罗马人仍非常喜好竞争，也时常争论不休。后来的学者们把贯穿于罗马早期历史中的贵族与平民间的相互反感看作是罗马的一个缺陷，但马基雅维利不同意这个看法。他指出了整个西方政治传统的一个基本特点。他说，国家内部的冲突，只要属于公众利益的范畴，就只是反映了罗马人对自由和对维护公民权的关注。和希腊一样，罗马的政策不是由某个推定的最智慧的圣贤来制定，而是通过社会内部的利益和观点的自由竞争来决定。与其他社会的治理方式不同的是，西方政治总在探索这样一个问题：在人人奉公守法所带来的社会和谐之外，还有另一种和谐，即通过自由讨论解决冲突，自愿地接受靠法定程序得出的任何解决办法。

第四章

基督教与个人主义的兴起

我们已经简略地回顾了希腊和罗马政治，而现在我们将在新的背景下对政治的起源过程作一全景再现。在中世纪的西欧，从野蛮的暴力争斗中产生了国家秩序，而且宗教第一次扮演了独立的角色。把这一结果看成一个事实上的巨大成就，便会违背当代流行的偏见——现代人一般都把“封建”和“中世纪”当作贬义词。然而“封建”只是从暴力中产生出来的一种特殊的等级形式，“中世纪”也只是现代早期的读书人惯于用来指称将他们和古典时期分开的那一千来年的一个称谓。我们可以说，从罗马帝国的崩溃到现代社会产生的一千年是我们政治结构的发展中最重要的一环。

我们今天看到的欧洲是一批又一批部落为追兵所迫向西移民的产物。他们被罗马帝国有目共睹的繁荣和文明所吸引。罗马人给这一群群逃难的部族起了各种名字：匈奴人、哥特人、西哥特人、盎格鲁人、法兰克人，等等。数百年间这些移民不断涌向罗马帝国，他们起初被罗马体制所接纳，后来又破坏和瓦解了这种体制。这些野蛮人在乡村建立了自己的国家，经过一段时间又皈依了基督教。每个王国都立了一个国王，还有一批有权势的人物；作为对其忠诚的回报，这些有权势者一般会得到国王赏赐的土地。暂时的赏赐很快就变成了世袭领地，然而还是经过好几个世纪才恢复了昔日罗马那样的稳定局面，究其原因部分是因为内部的争斗，另一部分原因则是寻找安身之地的难民仍在不断涌入。以盎格鲁-撒克逊人为例，他们征服英格兰后就先遭到丹麦人、后来又遭到诺曼人的攻击。这些诺曼人本是北欧海盗的一支，他们于9世纪在法兰克王国开拓出一个新省，又到西西里岛建立了一个王国。在这动乱的年代，只有得到职业武士阶级的保护老百姓才能安全度日。但获得这种保护是要付出代价的。

由此，必须重新建立公民秩序，这里我们要考虑形成中世纪鼎盛时期文明的三个因素。第一是从那些野蛮人身上继承下来的对自由[①]的无比热爱。尽管身处滥施暴力的年代，这些野蛮人部落仍从道德和法律上强烈感到他们是某种部落法的继承者，这些部落法是他们存在的依据。这些野蛮人的自尊存在于履行誓言之中——必须服从他们曾宣誓效忠的人。而国王正是法律的监护者。对自己的族群具有强烈的道义和法律上的责任感，对族群以外的其他人则漠不关心——这正是产生暴力和动乱的根源。要靠基督教的信仰和“典雅爱情”[②]的道义来传播这特别的一课。欧洲人相信，遵奉他们自认为从祖先那里继承的法律就体现了他们的独特存在。法律似乎是一种与人的意志无关的东西。又过了几百年，人可以**立法**这种观念才被他们接受。

① 该词除了个人自由外，还有民族自主、民族独立等含义。

② 中世纪欧洲的一种爱情风尚和爱情观，指骑士式的对贵妇人(常是已婚者)的爱恋像臣子忠诚于君主。这种爱近于宗教狂热，首先见于12世纪普罗旺斯的宫廷行吟诗人的作品，后来传遍欧洲，对西方文化产生很大影响。

后来人们重新研究罗马法时才提出了立法的观点。

在中世纪初期，政治只是国王与他的重要封臣之间的事情。政治活动只是环绕着小型、原始、游动的朝廷而进行。但是逐渐地，这些国王从部落首领变成了王国的君主，国王所监护的法律也从部落之法演变成国家之法。在英格兰，国王们不断扩大“王国的治安”的范围，使最底层的百姓在遭受当地领主过分压榨时能向国王申诉。在所有这些地方政治的进程中（欧洲各地的具体情况各异）都可以看到这样一个事实：对属下佃户的控制使掌权首领处于某种独立的地位，必须通过与一批这样的首领订立协议才能建立起社会秩序。这是中世纪重建政治秩序的第二个重要因素。有人提出了一种似乎有道理的说法：欧洲封建主义之所以如此独特，是因为欧洲是一片水源丰富的大陆。和中国、印度、中东不同，欧洲不需要建造大型水坝和运河来灌溉农田，防范水患。大型水利工程需要由强大的中央权力来动员劳力，而且明显会导致专制秩序的产生。在气候适宜于农业生产的地区，地方事务相对来说较少受中央政权控制，当局必须听取臣民的意见。这一说法像所有其他关于社会因果关系的宏大理论一样，需要谨慎对待，但这种看法肯定道出了部分的事实。这个观点显然不是全对，因为人类社会中没有一样东西能离开人们对自身所处环境的看法，也没有一个观点纯粹产生于物质需要。

然而上面讨论的观点的确有助于解释中世纪一千年后半叶出现于欧洲的政治结构。到公元11世纪出现了各式各样由公爵、伯爵统治的采邑，还有一些独立的商贸城邦以及一些处于萌芽状态的小国——回顾历史，我们从这些小国看到了欧洲民族国家的雏形。在历史学家看来，一切事件都是偶然的。欧洲国家的内部秩序是通过一系列无法预见的事件逐步巩固的。公元843年将查理曼大帝的国土一分为三的凡尔登条约被看作是一道分水岭，它隔开了法国、德国和第三个从未完全统一过的国家，这个国家的版图从北面的荷兰延伸到南边的萨瓦和伦巴第。另一个关于历史偶然性的例子是普罗旺斯。如果13世纪初十字军没有讨伐阿尔比派异教徒，没有摧毁该地区并将它并入法兰西王国的领土，那么普罗旺斯已成为南部法兰西的一部分。君王们勾心斗角，贵胄们讨伐征战，有意推行的政策和偶然发生的事件交织在一起，这一过程中欧洲各色各样的语言和文化里的某些部分逐渐上升到代表整个民族的地位。然而与此同时某些风尚又流行到全欧洲。例如“典雅爱情”的时尚首先出现于普罗旺斯及周围地区，又与基督教神学一道产生了巨大影响，在西方文明中为妇女争得了与其他文化中的妇女大不相同的地位。

国王们到处扩张自己的势力，极力加强对邻国和属下封臣们的控制。从这个角度来看，自由就意味着确立制度与法令以制衡强国对这些弱小群体提出的索求。英格兰的国王是司法的最高主宰，他在各郡都派有一名叫作郡长的官员。国王派出法官到全国巡查执法，处理被称作“令状”的有较多变通余地的要求和申诉。但贵族们也有权迫使一个有过失的国王认错，并让他作出补偿。最有名的例子是英王约翰被迫于1215年在泰晤士河谷的拉尼米德批准大宪章。大宪章在英国传奇中被尊为自由权的源泉。事实上这并不是中世纪唯一的例证，但却是中世纪政治中的一次典型的危机。这个事件反映了欧洲政治发展的一个核心特征：权利和自由权先由贵族和城市中较富裕的居民提出——往往是从他们的利益出发，然后经过好几代人才逐步过滤到社会的较低阶层。换言之，今天的选民继承了最先由昔日的贵族维护的权利。不管这一历史经验有什么缺陷，它却导致这样的结果：在民主运动将这些权利普及给全体民众之前，充当自由基石的那种文化首先经历了习俗和制度的充分检验。由此，民主通过一个有机的发展过程在欧洲国家出现，这种有机发展又使民主具有了坚实的基础。

中世纪政治的本质在于，没有他人的合作国王就无法统治国家，甚至按当时的理解连十分有限的国家功能都难以执行。国王必须征询他人的意见，这些人包括贵族、教会的权势人物，最后还有能够出钱的各城镇的代表。正是在这种背景下产生出一个新型机构：议会。议会的发展历史很复杂，每个欧洲国家的情况都不一样。例如法国就有两种议会，一种实质上是法律机构，另一种叫三级会议，是咨询机构。国王们需要议会批准税收政策，有时还需要议会支持皇室的对外政策。臣民们重视议会，因为它们提供了一个渠道，可以向法律施加影响，还可以为滥用权力造成的损失索取赔偿。英国议会的历史或许是最复杂的，同时也是最有意义的，因为在现代早期，欧洲大部分议会组织都被废弃了，直到19世纪才作为实现民主的手段重新恢复——极成功地保存下来的英国议会即是样板。议会可以当作政治创造性的一个近乎典型的例证是因为它能处理当时出现的紧急问题。并未经过预先的策划，议会就变成了民主的基本手段。然而直到很久以后，议会才引发人们去思考关于它的代议制功能之类的抽象问题。

中世纪政治的第三个因素最为重要，它与宗教有关。宗教就是一种文明对存在问题的信仰和知觉。希腊人和罗马人的宗教是一种公民宗教，教会的成员和国家的成员没有分别：同一套机构执行着今天我们西方人区分得一清二楚的两种功能。在古典时期，人生的意义在于表现自己的理性和为共和国服务。当公元4世纪基督教在罗马帝国上升到主导地位时，宗教的情况就全然不同了。一个出生在雅典或是罗马的人，他的出身已经决定了他的宗教身份。但一个人只有通过有意识地接受一套信仰才能成为一个基督徒。另外，基督教是一种写成文字的宗教，这就激励了教徒去接受教育，学习文化。部分地由于这一原因，基督教很快变成了一个包括信仰、情感、戒律、礼仪在内的复杂体系，需要通过包括哲学思考在内的大量的智力探索，才能使这个体系成为一个统一的整体。信仰是一种脆弱的东西，需要有人来保护它的纯洁性或是正统性，因为人类的误解能力，或者说理解得过了头的能力是非常强的。凭借《新约》中相对有限的材料来阐释基督教的信仰，这是教会几个世纪以来的工作，而且重要的是，这项工作从未停息。从最初一代的圣保罗书信起，该工作贯穿了基督教兴起后的几百年。到公元430年圣奥古斯丁去世时，基督教的基本结构已经得到详尽阐释。（同时还出现了一个庞大、复杂的上层结构，它往往能衍生出异端邪说。）非正统信仰分裂基督教的危险当然是导致基督教发展史上那种不宽容的主要原因，宗教裁判所则成了不宽容的标志。但正是这种破坏正统的威胁带来了不少基督教文明中的思想活力。

在以上的阐释中我们看到基督教是一种对道德提出严格要求的宗教。人类是宇宙创造者的作品。人类犯了罪，辜负了上帝的信任，但上帝派耶稣来拯救了人类。人生是一场考验，有的人死后会得到永生。另一些人，也许是大多数人，会受到另一种命运的煎熬。对后一种命运有过许多揣测——中世纪对地狱苦难的探索为数个世纪的人类生活定下了基调。基督教认为，每个人都是自己灵魂的监护人，替上帝守护自己的灵魂。死亡并不能摆脱这种可怕的职责，因为死后还要接受审判。不管是高贵者还是下等人，皆受此影响。后面将会提及，希腊和罗马哲学是精英化的哲学，只有英雄和哲学家能实现完满的人性，而奴隶——在某种程度上还有妇女，只是理想人的低等翻版。基督教则常把这个说法颠倒了过来：只有下等人最接近想象中上帝要求的那种爱的精神。尤其是妇女，她们热衷于传播和平和爱的信念。

一些推崇古代共和国精神的人物——以马基雅维利和尼采为代表——将基督教信仰的这一方面看作一种柔弱的虔诚，有悖于勇士的刚强和看重荣誉的精神。不管如何评价这一观点，我们切不可得出结论说，中世纪的基督教共和国就是十分爱好和平或软弱顺从的国家。教会的确曾努力在敏感暴躁又争吵不休的君王和贵族中提倡和平与谦恭，但教会也的确号召过十字军圣战，多数十字军战争的目的都是通过主力部队夺取耶路撒冷。尽管教会反复宣讲着《罗马书》第十三篇——其中圣徒保罗规劝信徒们服从当权者的权力，欧洲仍经常发生动乱和反叛。基督教对政治生活的真正意义在于它改变了人的价值观。

基督教强调在上帝面前每个人的价值是相等的。个人的价值不在于他是否具有普遍理性，而在于是否具备对抗邪恶的个人品性。哲学家们发现很难解释品性这个概念，他们倾向于回溯到古典时期的说法，将人的道德世界看作理性与情感之间的抗争。但随着16世纪宗教改革运动中新教教派的出现，不管新教徒还是天主教徒都逐渐意识到，必须从“意愿”的角度来衡量现代人类，当然这不是指意愿的表层含义如随心所欲之类。基督教将人们的注意力从政治征服和凡尘俗事转向内心世界的修养。现代社会产生的过程也就是逐步构筑这样一个社会的过程:在这个社会中,人们对内心世界的关怀能够完全与他们在外部世界的活动相适应。现代社会当然是一个充满动态的社会,而从这一点来看个人主义也许已经是强弩之末。但在我们身边还可以找到个人主义的残余,例如介绍通过内心满足获得幸福的通俗读物,以及被人们普遍接受的人权思想。假若没有基督教神学的曲折发展就不可能产生这些读物和人权的观念。

基督教改变了罗马帝国,使新的精神萌芽能在罗马的国家和军事力量衰亡的过程中破土而出。罗马帝国在西方变成了罗马天主教会;帝国诸省变成了主教管区;罗马皇帝式微而教皇却不断扩权;关于罗马创建者罗慕路斯的神话逐渐让位给"上帝之城"的创造者耶稣;罗马法的精神被用来解释《旧约》与耶稣的启示之间的关系。《圣经》的经文指导着人类的生活。耶稣说:"你是石头彼得,在这磐石上,我要建立我的教会。"[①]圣彼得的继承者们作为罗马的主教建起了一个横贯欧洲大陆后来又延伸到全世界的帝国。国王的就职仪式变为宗教加冕典礼,这就在神圣的教会和王权之间建立了一种同盟。教会使婚姻既成为神圣的纽带又成为一种社会契约。到了11世纪,教皇已经具有不下于任何世俗君主的权力,能够控制重大的国家事务。欧洲从精神上被一个握有绝对权力的君王统治着,他的使臣们负责管理社会生活的许多方面。连欧洲的建筑都是如此:城市里遍布大教堂,从地中海到波罗的海海岸的每一个村庄也都耸立着教堂。此后,教皇的势力扩张得超过了限度,世俗君主们要

① 见《圣经·新约·马太福音》第16章18节。

求恢复自己的权力。1309年以后,教廷受法国国王的控制在阿维尼翁[①]度过了许多年,直到下一个世纪才回到罗马。但教廷已经对欧洲政治结构产生了无法消除的影响:和贵族阶级一样,教会也成了君主们建立王国时必须平衡的另一股势力。

① 位于法国沃克吕兹省,1309—1377年为教皇都城,史称阿维尼翁教廷。阿维尼翁当时为罗马教廷藩臣领地,阿维尼翁教廷中法兰西人占绝对优势。

第五章

建立现代国家

如果要确定中世纪与现代国家之间的分界线,大多数学者都会选择16世纪。但一个世纪的时间太长,历史学家常在晚至法国大革命甚至更晚的欧洲国家中发现据认为属于封建制度的特征。“现代国家”这个词可以涵盖许多种不同的政治形态。

宗教是问题的焦点。1517年马丁·路德蔑视教皇并将自己的文章钉在维滕贝格教堂大门上,从此以后中世纪晚期心有不平的异端汇聚成羽翼丰满的分裂教派。宗教决定政治,因为多数人最关心的是获得永久的拯救,各个社会群体都难以容忍上帝所嫌恶的信仰。16世纪的宗教改革运动和反宗教改革运动激起了极大的信仰热情。这一时期的英国政治与殉教者紧密相连,他们努力保卫祖国不受异教侵害,或是反过来,防止祖国被教廷的迷信所蛊惑。这种宗教热情的政治意义是,当时的公民社会被看作是信徒的联合会。拒绝接受社会共有的信仰就等于是一种精神上的移民。

现代国家的政治发源于两种对立的运动:国家一方面以某些方式走向分裂,另一方面又以别的方式走向统一。中央集权的君主获得了集中的王权,但与此同时个人和既有的阶级也得以捍卫自己的特权和利益,有的权益就被纳入新出现的“权利”

一词中。

早期时段，贵族是一种越来越不安定的因素。他们组成了一个武士阶级，除了互相争权夺利什么也不做。整个欧洲的内战和地方的纷争几乎会将历史拖回到原始状态。1485年都铎王室掌权之前持续了三十年的英国玫瑰战争主要是由伺机攫取权力的贵族们发动的，但后一个世纪法国的宗教战争却是贵族野心和宗教狂热的共同产物。1642年后的英国内战和与之同时发生的德国三十年战争被有些人看作是从中世纪的地方主义向中央集权的现代国家漫长过渡的一个阶段。内战通常会激发人们对极权统治的向往。至少要有两个以上的人才打得起仗来，所以应当将所有的权力都集中到一个最高统治者手里。大家都遵奉最高统治者的法令，和平就有了保障。然而，这个统治者很可能会滥用他的权力。人们显然对潜在的专制主义感到担忧。所以在莎士比亚的《亨利四世》第二场中，哈尔王子谈到他父亲的死时保证说：

兄弟们，你们的悲哀中带着恐惧：
这里是英国王宫，不是土耳其朝廷。

新的政治活动以宫廷为中心，而宫廷很快就不再是中世纪那种流动的朝廷，而是在一个或几个宏伟的宫殿里固定下来，成为奢华和高雅生活的典范。一类叫做“朝臣”的新型人物出现了——他们的目的是升官，他们的专长是献媚。贵族被吸收进朝廷，他们于是发现必须经过学习才能像旧日那样继续充当君王的顾问。这可是一个危险的角色。在现代早期，叛国罪名目繁多，参与权力游戏的达官宠臣常常离断头台仅有数步之遥。那些在血统上可能成为王室继承人的贵族则更是身处险境。伊丽莎白一世曾被迫同意处死苏格兰女王玛丽,因为只要她活着就会被罗马天主教叛乱分子当作拥戴的目标[①]。在外面的世界,尤其在城市里,由于印刷术的发展而得以流行的小册子和传单使公众舆论发生动荡。到17世纪,这更大范围内的公众开始在政治中发挥独立的作用。克伦威尔的军队中有许多优秀人物,他们对上帝和君王有一套成熟的看法,能够简洁明了地表达自己的思想。1647年在普特尼举行的军中辩论就是例证。

我们有理由认为现代早期的宫廷生活充满邪恶和戏剧性事件,例如托马斯·莫尔[②](“我是国王的忠实仆人,但首先是上帝的仆人”)、安妮·博林[③]、简·格雷郡主[④]、埃塞克斯[⑤],还有其他许多被处死的人物,他们都是文学家描述的对象。玩政治游戏需要以生命为赌注,这种状况一直持续到18世纪初。从那以后,只有在革命的传奇戏剧里从政者才会像先前一样,要冒死亡和坐牢的风险。在现代实现了自由民主的国家,政治家肯定

① 玛丽女王(1542—1587),按其血统应是英国王位的第二继承人。天主教徒企图推翻信奉新教的英国女王伊丽莎白,他们把希望寄托在玛丽女王身上。玛丽被伊丽莎白囚禁达十八年,最后被处死。

② 托马斯·莫尔(1478—1535),《乌托邦》的作者。任英国内阁大臣时因对英王亨利八世离婚持异议被诬陷入狱,后被处死。

③ 安妮·博林(1507—1536),英王亨利八世的第二任妻子,被贵族法庭判罪并处斩。安妮·博林被认为是宫廷斗争的牺牲品。

④ 简·格雷郡主(1537—1554),爱德华六世指定她为王位继承人,后被人夺位,并遭斩首。

⑤ 埃塞克斯(1567—1601),伊丽莎白一世的表弟和宠臣,因发动叛乱被处死。

不会因为从政而被处死。在现代社会，只有专制政权才会靠行刑队或绞架来维持统治。

现代初期从政要冒很大风险的根源在于统治者的不安全感。在现代民主国家，从理论上说统治者和被统治者的关系基本上是和睦协调的，但这种说法并不符合事实。其实权力本身必然在统治者与被统治者之间划下一道鸿沟。对统治者来说，与被统治者建立亲密无间的关系，对他们无话不说，这实在是一件危险的事情；统治者在一定程度上必会被大众的希望和担忧牵着鼻子走。专制体制将统治者描绘成神，以此来看待统治者与被统治者之间的距离。政治行为的出现恰好否决了这种选择。在某种意义上，政治的历史就是探索可行策略的历史，这些策略被用来缩短——尽管不能消除——统治者与被统治者之间的距离。例如在希腊城邦和共和时期的罗马，一种热心公益的精神可以为统治者和被统治者提供一个共同行动的基础。同样，在中世纪的王国，君主是诸侯的领导者，诸侯又对自己的下属负责。统治是一种道义关系。国王要采取所谓“谋略”——包括残酷和伪诈的手段——与外部有权势的对手周旋，但至少在原则上国王不需要对自己的人民采用谋略。然而随着现代社会的出现，统治者越来越需要用权谋来管理骚动的臣民。现在的许多臣民都受过教育，自己有确定的宗教和政治观点，这就可能使他们转而支持一个新的政权。一方面，个人主义社会具有多元化倾向；另一方面，统治者必须凭借抽象的法律条文在大国中维持秩序。在这样的条件下，“新型的政治”产生了。

新型政治首先出现在意大利的城邦，那里的市民共和制已经解体，取而代之的是僭主的统治——这些精于谋略的投机家运用不受制约的权力维持了和平。中世纪的君王是上帝认可的神授帝王，其权位和宗教地位都是比较稳固的。与中世纪君主相比，意大利的领主（*signore*）就不得不处处提防，谨小慎微了。他的统治不稳固，本国有权势的家族若与邻国公开联手或暗中勾结，随时都可能将他推翻。此时出现了“治国术”（有人这样称呼新型的政治），它把传统的对正义的关注变成了一种表面文章，而将心思全都转向了为如何掌握权力出馊主意。如何掌权一直是传统的治国方略的一个组成部分，但通常只是一个从属的部分。这样的君王现在已经完全沉湎于“谋略”之中，而谋略中最重要的部分也许就是如何动用管理手段使得臣民效忠于君王的利益。马基雅维利的《君主论》是专论这种策略的一本手册。马基雅维利所阐述的策略后来被博特罗总结为“执政者的理由”[①]。

这里政治变成了一个全新的概念，至少新在它被彻底地理论化了。当时的人们有时把这种新的政治观念看作一种现实主义（如马基雅维利所称的政治的“有效真理”），有时又把它看作腐败堕落时代的一种标志。衡量腐败的标准是古典共和的传统，这传统由西塞罗定义，并由罗马后期和中世纪的许多继承者传承下来。传统的政治观念是，统治者的首要任务是维护正义，并在整个城邦中提倡美德，因为道德才是和平和良好秩序的根本基石。对古典共和的看法激发了一种思想传统，后来被现代初期出现的“执政者理由”之类新政治观念所超越。古典共和思潮大量保存在哲学家、乌托邦思想家和政论手册作家的著作中。这一思潮存留下来，又以各种形式反复出现在错综复杂的现代政治思想史中。富有雄心的马基雅维利在《李维史论》中

① 指以国家利益为理由进行辩护，也可译为“政府的理由”。

阐述了这种国家概念，使其得以流传。对一去不复返的共和时代的怀念与现代早期的忠君意识形成对照，并成为18世纪启蒙运动批评“旧秩序”[1]的主导思想。用共和主义的语汇来说——这也是许多谨慎的中产阶级成员的看法——君主制看上去奢华、好战、剥削成性，是对人性的玷污。的确，君王和僭主看起来并无太大区别。托马斯·霍布斯在《利维坦》[2]（1651年）中批评了这种共和主义理论。他说，这样的理想主义在欧洲使年轻的学者盲目听从野心家的驱使，导致成千上万的人流血丧命。

霍布斯探讨的是一些新问题，宗教争端或贵族野心可能把一个现代国家拖入内战是其中之一。他探讨的另一个问题是人的个体属性。即使是个人之间在宗教、德行、政见等方面的争端也可能导致毁灭性的冲突。正是现代人在观念上的多样性（现代君主国过于庞大，无法开展古代城邦式的公众活动）使得古典模式的共和主义变成仅是一种无法实现的美妙回忆而已。霍布斯对这些问题的结论是，所有的人仅在一个看法上能够统一观点，即死亡，尤其是突然的死亡，是最大的恶。霍布斯提出的理论上的解决方法大体上已经在现实中发生：每个国家必须有一个最高权力[3]，足以强制实施为保障大家和平共处而订立的协议。在霍布斯之前，法国律师让·博丹在《共和六书》（1576）中

---

① 指1789年法国大革命前的政治秩序。

② 托马斯·霍布斯（1588—1679）的政治学著作。利维坦本是《圣经》中提及的海中巨兽，霍布斯用它来比喻君主专制的国家，认为人人服从君主的权力才有可能保障社会的和平与秩序。

③ 原文含有君王的权力、最高统治者权力等义，通常译为“主权”，见后文。

曾探讨过最高权力（主权）的问题。博丹说，主权就是“一个国家内部绝对、永久的权力，拉丁文称作*maiestas*”。但博丹认为家庭是国家的基础，而霍布斯则强调作为个体的人——对荣誉的热爱和对死亡的恐惧在撕裂着他们。最高统治者的权威来源于人民的认可。事实上，人民只有推举最高统治者为自己的代表之后，才能成为名副其实的人民。

主权理论使政治学的一个中心问题显得更为突出了。人们普遍认为，只有大家都守法才有自由可言。但法律必须由人来制定。那么，法律制定者处在什么地位？如果他在法律之下，他就无法制定法律；如果他在法律之上，那么他属下的臣民就无法保护自己的自由权不受侵害。霍布斯当然同意，现代国家的民众应当用法律来治理，而不是听由专制者随意摆布，但在现代社会的条件下统治者应当握有处理特殊情况的决定权。在这个理论层次上，问题仍然没有解决。换句话说，将必要的权力交付给一个最高权威总带有冒险的成分。从实际的角度我们可以争辩说，不这么做的危险性更大，因为没有一个高高在上的权威，国民就无法保护自己不受同为国民的其他人的伤害。

这种推论是极而言之。更乐观的人们——或者对上述危险性不那么在意的人们——满可以认为，治理国家可以依据理性的人们之间的道德协议，也就是一套道德规则，这套规则被称为自然法，后来又叫做自然权利。这或许能解决主权中隐含的危险性问题。与霍布斯同时代而比他年轻的约翰·洛克在《政府论》（1689年）中含蓄地批评了霍布斯。洛克嘲讽说，将决定臣民权利的绝对权力交付给一个人，这想法就等于“认为人愚蠢到这样的地步，他极力防范野貂或狐狸来捣乱，却甘愿被狮子吞噬，甚至认为后者更无害”。

洛克相信人都会赞同自然法，这种信念使他忽略了现代政府的实践和理论中的一个中心问题。发生在托马斯·莫尔和亨利八世之间、首席法官柯克与詹姆斯一世之间[①]，以及英国国会与查理一世之间[②]的冲突，都证实了统治者认为国家需要什么与法律界认为国家将会许可什么之间存在着无尽的分歧。导致美国总统尼克松下台的水门事件与法国大革命中救国委员会[③]的作为则是上述矛盾另一种迥然不同的表现方式。在实践中民主和分权的方式能够改造主权，使国家权力不致被滥用。自然法、人的权利、公民允诺、民族主义、公意[④]等概念都至少能在某种程度上提供缓解矛盾的思路。然而即使在治理得最好的国家里，我们都必须承认政治权力是一种必要但又危险的东西。任何预防措施都不能保证绝对的安全。

这一问题变得越来越尖锐，因为现代科技在不断增强统治者的实际权力。笔墨的发明为官僚体系的发展提供了条件，这种体系的历史悠远漫长。政府从此可以颁发、核验身份证和护照，地图上可以准确地标绘出国界（第一次是在1648年《威斯特伐利亚和约》签订时）。火药的发明使贵族领主们的堡垒形同虚设，而书刊审查和对出版的控制则使统治者可以在一定程度上

① 柯克（1552—1634）在任首席法官期间为捍卫普通法而不惜触怒英王詹姆斯一世。

② 英王查理一世（1600—1649）独断专行，曾两次解散国会。

③ 1793年成立，有九至十二名成员，是法国大革命时期权力极大的政治机构。1795年解散。

④ 由18世纪法国思想家卢梭提出，认为在民主社会里国家代表人民的共同意志。

决定民众能接触到什么样的思想观点。然而现代科技对政治的影响显然会随着分化、组合的时势潮流而时消时涨。19世纪末到20世纪前半叶监测技术的发展极大地增强了政府的权力,但后来旅游业、计算机行业的发展和区域流动性的增强则产生了相反的效果。

我们可以清楚地看到,由于宗教信仰的变化,现代国家已经把关于政治的整个观念颠倒了过来。古典时期的人们从为国家服务中得到人性的最大满足;现代欧洲人作为个体最关心的是灵魂得救,他们往往认为国家的作用只是保障和平,使国民能够推行自己的计划。自由派的国家观念只是以上态度的世俗翻版。人们也许以为这样的国家是软弱和涣散的,但实际上现代国家相当强硬、持久。德国哲学家黑格尔在《权利哲学》(1821年)中称国家是“上帝在地球上进军”。这是一种夸张的说法,但却预言式地表述出继他之后许多欧洲人的看法:国家与宇宙命运之间存在着某种联系。过去两个世纪中发生的大规模战争证实了这个看法。

接着,从日渐衰落的中世纪王国的基础上产生了一种令人惊异的新式制度机器,“国家”——这种新奇的政治形态立即席卷世界。它是人类的能力所创造出来的最接近无限威力的产物。在科技发达的时代,国家立即成为人们寄托各种美梦的支点。在正确理解之下,人类的哪种缺陷不能通过它来弥补呢?有两种对立的观点揭示出现代政治发展的节律。第一种是对国家的自由派观点,来自中世纪的自由和王权的观念,主张建立公民秩序保障良善生活。第二种观点认为国家是一种压迫工具,高高在上地从精神上压抑着受它奴役的民众,所以国家是一种压制人的东西,需要用人性来改造。这第二种观点激发了这样一种设想:超越国家,创造一个完美的共和体,使政治中不可避免的那种统治者与被统治者之间的鸿沟能够最终被填平。现代政治在很大程度上就是在这两种观点所代表的倾向之间的沟通平衡。

第六章

怎样分析现代社会

怎样看待一个现代国家？世界变得越来越复杂，这个问题也就越来越难回答。然而我们可以先回顾一下，大多数公民联合体如果不是被比作“有人掌舵的航船”(ship of state)的国家，就是被称作“政治机体”(body politic)的国家。[①]政治组合体[②]必须有一名首领，或称统治者来治理，还要有武器和武士来保卫自己。根据普卢塔克[③]的说法，罗马行政长官米尼纽斯·阿格里帕在劝告愤怒的农夫们不要反对元老院的首领时说：大臣的任务是商议国是，信使是国家的神经，而农业是这个复杂机体的肚腹。莎士比亚常运用“政治机体”的意象，在《特洛伊罗斯与克雷西达》中他用音乐作比喻，通过尤利西斯之口说出这样的一段名言：

只要把法律的琴弦拆去，听吧！

---

① ship of state与body politic在英文里都是“国家”的同义词，但却是从不同的角度来描述国家。

② 原文为political associations，暂译为“政治组合体”。

③ 普卢塔克(46—125)，古罗马作家。

多少刺耳的噪音就会发出来，

一切都会互相抵触。

把国家比作一个机体，这就意味着国家是一个统一的联合体，其中每一个组成部分都必须在协调的整体中发挥自己的作用。国家中的个人和团体除了扮演社会生物的角色没有别的存在意义。部分与整体的关系，正如圣托马斯·阿奎那①所说，是不完美与完美的关系。

基督教的出现是一次地震，撼动了这种公民和谐观的根基。然而令人惊异的是，在其后一千五百年中遭受重创的这个古典结构却并未坍塌。沿着马基雅维利的思路，我们曾指出，一方面是公民和谐的理想，另一方面是古希腊罗马动荡冲突的公共生活，这两者间的矛盾是产生自由的一个基础。然而公民和谐服从的理想从未妥协于另一种现实主义的观点：现代国家是多种不同的势力之间的一种均势。基督教即使在破除公民和谐观的时候也仍在利用这个观点。基督教一面把政治降格为仅是维持和平与世界公正的暂用工具，一面又将拯救每一个人的灵魂看作生活的根本意义。

基督教教导欧洲人在一个不统一的社会里生活，而有些欧洲人则一直在试图恢复旧日的和谐统一。作为个人的基督徒发现自己同时属于两个社团群体，一个是教会，一个是公民社会。中世纪法律也可以毫不费力地满足活跃而精力充沛的人们的需求——进一步设立同业公会和大学等合法群体，让个人成为这些群体的成员。这些群体中的群体似乎使欧洲人适应了向现

---

① 托马斯·阿奎那(1225—1274)，意大利神学家、诗人。

代性的过渡。从一种观点来看，新的主权国家只是在同一个政权治理之下的平等臣民的聚合，但它同时也是一个复杂的、联系紧密的群体。

现代性的精髓在于从个体精神中推衍出以下这一新观念：人们越来越倾向于凭借自己的才能和意向来安排生活，而不是被动地接受由出身所决定的位置。个人主义的开创性工作是在宗教领域进行的。在宗教里，追求自己的志向——它在这里披上了一件叫做“良心”的新装——不仅是一种权利，更是一项职责。宗教改革运动过后，面对统治者强制推行的违背他们志向的宗教，许多人感到无所适从，于是向国外迁移。有的人，例如移居美洲的英国清教徒，完全按照自己的观念建立起崭新的社会；另一些人则试图凭自己的理解将英格兰、苏格兰或瑞士改造成神圣的乐土。然而还有一些志向，比如赚钱、从事冒险的事业、从军、献身艺术等等，这些志向也导致了传统的稳定局面的瓦解。居住在城市里的人们尤其热衷于追随自己的志向。这一风气在19世纪达到顶峰，当时千百万欧洲人像是在选购商品那样选择最符合自己志向的国家。他们就这样来到了新大陆。正是这个寻求机会的风潮创建了整个美洲，然而更有意义的是它造成了整个西方世界农村人口向城市的大迁移。

这些流动的、独立的个人再也不能仅仅被看作是一个单一群体中的组成部件。他们当然还是臣民与公民，但他们也有自己的私人生活；他们参与多种多样的社会活动，而国家只是覆盖在上面的一把伞。在现代早期，国家与社会之间有明确的界限。亚里士多德把人称作政治动物，但到了13世纪阿奎那已经认为人既是政治动物，也是社会动物。到了17世纪，大多数社会契约理论都将社会的兴起与国家的创立明确地区分开。社会甚至可以被看作是一种自治的群体集结模式。

社会是从国家中生长出来的。在这一抽象过程中，社会绝非最后一个从国家分离出来的群体集结模式。欧洲商业的发展表明，人类扮演着商品的生产者、分配者和消费者等角色。扮演这些角色时他们就常像是被价格的绳索牵动的木偶。政治哲学家们常把金钱看成腐败的潜在根源，统治者则费尽心机寻找从臣民那里汲取金钱的渠道。到18世纪，人们已经把个人看成不仅是臣民，或是社会动物，而且是另外一种独特的“组合关系”的参与者，这种关系即政治经济关系，或者更简捷一些——经济关系。

经济的奇特之处在于，它看起来像是一个基本上不以参与者的意志为转移的系统。从这个角度看，经济有趣地与大自然类似，它要靠科学方法来认识，并且完全不同于由不可预测的人为决定来左右的社会和政治生活。经济批量的变化至少在原则上是决定因素。当一件商品的价格上涨时，消费者就买得少，这就可能使价格降下来。只要市场需求不变，短缺的商品必定会涨价。有些思想家的脑子里忽然闪出这样的想法：从经济学中可以找到一把钥匙，打开真正的“人的科学”之门。伟大的艾萨克·牛顿证明，地球是一颗行星，在太阳系里按照严格的定律运转。1776年亚当·斯密[①]发表了《国富论》，证明经济是一个提取财富的系统，它的运转也受定律的支配。

既然这种新的关系组合体系类似于放大了的古希腊“家庭”(household)，我们可以把它称作“经济”(economy)，词源是希腊文*oikos*。现代经济被称作“政治”经济，以区别于古代的“家

① 亚当·斯密(1723—1790)，英国经济学家。

庭”[1]经济。现代经济取得的巨大成就不仅表现在它的日渐繁荣,还在于它的成就是靠自由劳动力而不是靠奴隶获得的——许多人认为这证明了欧洲文明在道德上的进步性。进步是靠理性取得的,凭借理性可以将生产的过程划分为更简单的组成部分来进行分析:某些部分的机械化,另一些部分的反复运作,其结果将是效率的极大提高。早期经济学家们以这一成绩为荣,却并不奢望达到更高的目标。他们熟知收益递减律适用于任何经济上的革新,也知道托马斯·马尔萨斯牧师[2]的推断:多数国家的人民将注定只能维持最低水平的生活。这些都给经济学带来了阴沉悲观的坏名声。真正使人类境况发生变化的是英国的一批非常善于理性思维而又富有创见的人们,他们偶然发现自己掌握了一个巨大的煤矿。水和风只能补充人的体力,但煤的能量却能将人类推向一个自动化的世界。人类无限潜能的精灵被释放出来,这自然也激发了政治学家们的思维。

正是欧洲的一些主权国家从科技进步中看到实施其扩张势力范围之大计的渠道。扩张势力的计划使这些国家冒险发动战争,而这样的冒险爱好常会导致国破家亡。对外扩张的政策是基于这样的设想:国家间的贸易是一种获取财富的竞争。国际贸易,用后来的术语来说,是一种零和游戏——我赢多少,你就输多少。于是国家就设法垄断贸易,保守工业技术的机密,在竞争中保护国内工业,对本国的生产资源包括劳务资源实行合理配置。将理性思维用于经济竞争的这种做法被称作重商主

① 古希腊“家庭”的概念参见第二章。

② 托马斯·马尔萨斯(1766—1834),英国经济学家,1798年发表著名的《人口论》。

义，它并未取得多大成功。事实上，英国人的王朝不大具有对贸易实行集中控制的能力，但英国致富的速度却比其他国家都快得多。根据亚当·斯密贸易对双方都有利的理论，英国人对商业贸易的限制越来越放松。

到18世纪末，欧洲人学会了将自己看作国家中的臣民或公民，阶级、机构、宗教中的成员或社会中的阶层，以及经济中的生产者和消费者。他们也已开始懂得他们是**文化**的承载者。理性主义教会他们把自己看作人类的一部分，能够分享"人的权利"（这是不久之后才有的名词）。然而此时浪漫主义又使他们认识到，每一个民族都说某种特别的语言或方言，爱好某类烹调口味，共有同样的习俗、风尚、艺术传统等等。文化是一种精神机体而非政治机体——德文中的*Volkgeist*（民族精神）这个词表达得十分确切。文化用诗歌和歌曲表现自己，是对人类潜力的一种独特的修饰。到这时大一些的国家都有了自己的艺术家——意大利人有但丁，西班牙人有塞万提斯，法国人有拉伯雷和拉辛，英国人有莎士比亚。一些较小的文化族群有时不得不照下面的套路从头武装自己：潜心于本族文化的教师记录下自己的语言并使它规范化；艺术家创造出文学和艺术形象；历史家记载本民族的传奇。

由此，现代政治机体（国家）就发展成不是一个而是数个机体。如果我们将作为心理学基本要素的心灵加入国家、社会、经济、文化，我们就得到了社会科学的概念框架。以上每一种"组合"[1]，从概念上说，都支撑着一个庞大的理论的和分类学意义

---

[1] 原文为association，意为"联合""交往""社团"等，作者用它表示人与人之间的一种组合、交往的方式，所以国家、社会、经济、文化等都是一种"组合"。以下译为"组合"或"组合关系"。

的上层建筑。然而我们关心的是，这些有着自我意识的“组合”为现代政治冲突的戏剧布置了场景。这些“组合”提供了一个坐标体系，许多强有力的政治学理论都可以从中衍生出来。

例如，不将经济与国家的观念区分开来，就不可能产生现代社会主义理论——对政治与经济之间关系进行反思的产物。又如，不将文化与社会区分开来，民族主义就毫无意义。民族主义主张每一种文化都应当独立自主。（从马志尼[①]到伍德罗·威尔逊[②]，各式各样的人物都信奉民族主义。它还激励了各式各样的民族，如捷克人、塞尔维亚人、爱尔兰人、巴斯克人[③]、布列塔尼人[④]等。）这一学说有别于那种被滥用的所谓“民族主义”，后一种“民族主义”指的是已经建立的国家与别国争吵时的那种高度感情化的团结一致——那是另外一种现象。这两种民族主义的混淆导致了这样的谬论：既然所有的冲突都来源于民族主义，那么通向和平的道路就是放弃民族主权，由国际性权威机构来治理。

研究这些抽象“组合关系”的人们也总想为每种组合找到一个最高动机，从理论上简化它们。例如“政治人”（*homo politicus*）指受权力欲望驱使的人们；“经济人”（*homo ecnomicus*）指受攫取财富的自私欲望驱使的人们。社会代表团结，而经济代表分离——“社会”有时被“社区”（community）这个更富有感情色彩的名词所取代。不言而喻的是，全部的人类动机事实上都会在所有现代“组合关系”的范围内起作用：权力会与文

① 马志尼（1805—1872），意大利革命家，青年意大利党创始人。

② 伍德罗·威尔逊（1856—1924），第二十八任美国总统。

③ 西班牙山地民族。

④ 法国布列塔尼地区居民。

化纠缠在一起，理想主义与政治、体育运动与经济等等，都会相互牵连。简单化地判断动机和“组合关系”所得出的荒谬见解早已在现代生活的理论和实践中泛滥成灾，当然，这里不打算谈论这个话题。下面还须讨论另一个重要的问题。

“自身利益”这个词有一段复杂的历史，在现代的道德结构中它不是指自私自利的坏品德，而是指“责任”。个人主义的社会要求其成员承担这一责任，自力更生，不依赖别人养活自己。当然，因为各种各样的原因，许多人无法做到这一点。但如果多数人都不能以这种寻求自身利益的态度生活，现代社会就不会是目前这个样子了。当然，寻求自身利益并不排除或妨碍我们关心、帮助我们的邻人以及与我们相处的其他人。其实，如果我们没有自力更生的能力，又岂能谈得上帮助别人？

我们是否可以认为，以上四种“组合”中某一种是最根本的组合呢？这或许触及了现代政治哲学的根本问题。思想深邃的理论家如霍布斯和黑格尔就曾以截然不同的方式论证说，国家是最根本的，它决定一切其他的组合。卡尔·马克思反对这种观点，认为经济是政治进程的决定因素，他还把一切都囊括到广义的“社会”这个词汇中。正是马克思最引人注目地探索了上文提及的坐标体系中衍生出来的种种智力上无法回避的可能性：某一个“组合”会制约其他的组合。1859年马克思写道：“物质生活的生产方式制约着整个社会生活、政治生活和精神生活的过程。”他又说，生产中经济条件的物质变革“能够用自然科学那样的精确性来确定”[①]。这一问题的答案——如果真有答案的话——是哲学家们一直在探寻的现代社会科学中的一颗宝石。

① 马克思：《政治经济学批判》序言。

我们离这颗宝石还很遥远。有的怀疑主义者认为它根本就不存在。

有些政治活动家始终有一种幻想，认为另外存在某种比国家更重要的“组合”。这是由于他们处于一种矛盾的境地：他们追求的实际上是国家的权力，想利用这种权力来推行某些领域里的社会、文化或经济改革；而根据他们的理论，这些领域比国家更重要。如果表层的东西能决定根基，那我们的理论必定出了差错。这种自相矛盾也在某些现实活动中表现出来，例如一些人声称国家在他们看来只是一种表面结构，但他们没有消灭国家却建立了一种极权。非洲一些民族主义者自称是某个并不存在的民族国家的代言人，目的是建立一个强制推行文化统一政策的政府，这种统一实际上生生创造出了他们原先宣称自己所代表的那个民族国家。

所有这些奇异的尝试都是出自一种怀旧的渴望：希望回到现代国家产生之前的那种单一的“政治机体”。古典的共和主义者厌恶基督教，因为它将对世俗权力的忠诚与对国家权力的忠诚作了区分；社会主义者认为人们无法调和在工作中对个人职责的履行与在公共生活中对国家的忠诚之间的矛盾；民族主义者认为我们文化的纯洁性被外来统治者的压迫所玷污。“异化论”是对我们的社会弊病之根源的一种很流行的诊断，而现代政治所作的许多努力都注定要失败——它试图修复已经永远破碎的东西。

第七章

国家间的关系：如何保持均势

不管国家内部如何复杂，在国际上每个国家都是一个武装起来的整体，随时可以进攻别人或自我防卫。欧洲历史在很大程度上是一部战争史。

造成这一状况的原因是，到目前为止，没有足够的自我防御力量任何社会的和平与繁荣都不可能维持多久。由大大小小的政治实体组成的欧洲一直就是一个战场，而且历次战争一般都未能定出最终胜负。没有一个国家能够长久地统治整个欧洲。欧洲历史似乎可以这样来总结：备战，打仗，战后的恢复。人们也许曾指望基督教这种倡导和平的宗教能够改变历史，然而基督教实际影响的最典型例证也许是克洛维[1]的故事。克洛维是西法兰克人的首领，公元491年征服高卢人后皈依了基督教。一天克洛维听人布道，讲到耶稣被钉上十字架一节，他忍不住站起来怒吼道："要是我带着法兰克军队开到那儿，看他们敢不敢这么干！"道德义愤也能导致战争，而且并不比野蛮逊色。

战争毁灭生命和财产，理性主义者认为战争是感情冲动的结果。那么，为什么作为理性动物的人类却写下了一部如此阴

---

① 克洛维(466—511)，法兰克王国创立者。

暗的历史？部分的原因是“需要”。因为战败就意味着一个民族的灭亡，因为总有某些国家已经或者将要向外扩张，于是各国都**需要**豢养武士来保卫国土。这些武士以荣誉为道德准则。勇猛作战是极大的荣耀，牺牲生命能赢来仿若永恒的光荣。在西方，从罗马帝国灭亡到现代社会出现的一千年间，这些贵族出身的武士与其说在维护和平，还不如说是在破坏和平。直到专制君主们控制了局势，武士们世代争斗造成的死亡和毁灭才告结束；只是，随后君主们又成了破坏和平的祸根。战争于是成了君王们的娱乐，正如时人所说的，诸侯们用大炮来发言。凭借婚姻、外交，尤其重要的是凭借战争，一个国家可以变成强国。几百年间，从中世纪沿袭下来的由小型领地构成的组合拼图正是通过这些手段演变成今日欧洲这样格局明朗的政治地图。

正如克劳塞维茨[①]所说，战争是政策——也就是政治——改头换面的继续。统治者发动战争是为了获取优势，抵御敌人是为了保护国家利益。就像下棋，总有一方会赢，而和局只是一种不稳定的均势。在国际争斗这盘棋局中战败会带来严重的后果，就像软弱的波兰政府那样，只好听凭俄国人、普鲁士人、奥地利人来瓜分他们的国土；其他的例子还有1939年之后被纳粹德国占领的许多国家受到的蹂躏。

托马斯·霍布斯在《利维坦》（1651年）中对政治冲突作了最好的解释。霍布斯把人们不承认一个共同权威的社会状况称作“自然状态”，他认为自然状态就是战争状态；在这种状态下，人们的生活将是“痛苦、贫穷、孤独、残忍和短命的”。正如他在著

---

① 克劳塞维茨（1780—1831），普鲁士人，著名军事理论家，《战争论》的作者。

名的第十三章中所说的:“人们彼此相处没有欢乐,只有大量的忧伤,而这里没有一个能够威慑所有人的权威。”霍布斯针对这一现象提出了三个原因,其中的两个前边已经提及:一是人们珍视的东西(例如水源充足的耕地)数量有限;二是人们对荣耀的狂热追求。第三个原因被霍布斯称作“猜疑”,即人们对他人的不信任。对敌方入侵的担忧可能导致己方先发制人的进攻,而这一决策又会带来一系列可怕的后果:甲担心乙要攻打自己,便决定率先发起攻击;而乙已经预料到这一危险,打算更早一些动手;甲预料到乙的动机……如此无限循环。

生活在自然状态下的人们为了避免自相残杀就必须建立一个公民联合体,拥戴一个凌驾众人之上的政权来用法律统治他们——霍布斯认为武力征服通常能引出这样的结局。人类生命的脆弱使他们不得不走这样一条路。国家之间的状况也基本与此相似,所不同的只是国家能保卫自己,而孤立的个人却没有这个能力。正如霍布斯所说,“无论什么时候,国王们以及大权在握的人们由于处在独立的地位而经常相互猜忌,经常处于角斗士之间那种剑拔弩张的状态;他们兵刃相向,怒目相视;就是说,他们在国家的边境修建堡垒、布置驻军、架设枪炮;他们不断地监视着邻国——这就是战争状态”。

我们从来都没能完全摆脱霍布斯所说的那种自然状态下的危险和不安,这种危险和不安俯拾皆是,例如美国蛮荒西部的状况,城市中心区的情况,独自走夜路害怕听到脚步声,还有(用霍布斯的例子)我们都要锁上自家的大门。这是一种有力的解释模式,因为霍布斯将战争与和平的问题整个颠倒过来了。长期以来人们都对战争感到悔恨,都在寻找战争的根源,好像是在解释一种病变。霍布斯的看法则是,战争是人类间的自然关系,真正的问题在于人类如何去实现一种和平状态。

广义地说,霍布斯的理论模式解释了欧洲国家之间关系的一般状况。从一些特殊情况中也许能推导出对这一理论进行修正的观点。例如,20世纪后半叶大部分时期由于美国和苏联处于支配地位,西欧国家之间要发生战争几乎是不可思议的。然而在人类事务中任何东西都不可能长久不变。有趣的是,几百年来欧洲(与世界上多数地区形成对照)一直分裂为一些彼此分隔而又互相敌对的国家,但为什么任何一个国家都不能长期征服并统治其他国家呢?

一种可能的情形是,有的征服者总在向外扩张,直到交通和后勤的负担使继续推进得不偿失,他们才罢手。古罗马便是如此,古代中国也是一个显著的例证。这证明了人类事务中的一个主导的行动逻辑。

有人问百万富翁:“赚多少钱才算够?”回答是:“再赚一点儿。”这富翁看到了人类生活中的一个核心特征。我们可以用正面的原因来解释为什么权力会滚雪球,为什么越有权力的人越会获得更多的权力。一个运动能够迅速发展是因为大家都倾向于加入拥有权势和胜利在望的一方——这就是“从众”现象。在某些国家的内部政治活动中,随大流风气十分流行,因为不随大流的人就会陷入危险境地。在这些国家不可能实现民主政治,因为随大流的必然结局是一党统领天下。然而正是导致权力增长的负面原因最具有启发意义。我们可以用一种叫做“垄断”的棋盘游戏来解说:在该游戏中,一个资本家击败所有竞争者,买下他们的全部资产,就算取得了最后的胜利。这就是马克思对资本主义的看法。同样,一个国家只有在所有竞争对手都被降伏之后才会有真正的安全。这看起来是一种颠扑不破的逻辑,但却被证明是一个荒谬的逻辑。为什么呢?

这条逻辑不适用于经济学,因为经济活动不是一种零和游戏。科技不断变迁,大型公司失去了原有的灵活性,各种新观念蜂拥而至,任何理论若把人类生活看作一个具有自身逻辑的体系是一定会失败的。现代经济是一场“正和博弈”,每个参与者都可能变得更加富有。当然,有的人会比别人富得多,但所有的人都会得到更干净的饮水,更充裕的食物,更好的医疗保键,以及其他好处。现在我们来看一看,为什么西欧至今都未能按照“垄断”游戏逻辑产生出一个称霸的帝国。

我们可以用“均势”来解答这个问题。人类活动的逻辑的确能解释为什么不断有人起来尝试统一整个欧洲,但每次也总会有另一些欧洲国家联合起来反对这个野心勃勃的盟主。16世纪哈布斯堡王朝治下的西班牙在从新大陆获取黄金之后趁势挥师横越欧洲,却受到法国瓦卢瓦王朝的抵抗。17世纪末,法王路易十四意欲吞并他的邻国,荷兰首当其冲。当时的荷兰正在不屈不挠的威廉三世(1689年被加冕为英格兰王)治下。到1700年波旁王朝似乎有可能将法国和西班牙都控制在手中,这时全欧洲都联合起来反对路易十四,他的军队多次被马尔伯勒公爵约翰·丘吉尔击败。到了18世纪,俄国、普鲁士和奥地利又成为这场游戏的主要参与者。连小小的瑞典都在世界史上扮演了近一百年的重要角色,直到查理十二世的冒险活动耗尽了瑞典的资源。法国革命后,拿破仑企图夺取世界霸权,各国都联合起来反对他。整个20世纪历史的一个主要内容就是抵制德国由于国力日盛和人口增长而谋求世界霸权的企图。一国势力的扩张总会受到制衡,但代价也是巨大的。这就说明了为什么许多欧洲人都愿意改弦更张,通过协议而不是征战来建立一个统一的新欧洲。

欧洲的联合至少能改变“昔日盟友变成今日仇敌”的局面，这种局面反映了许多政治活动中固有的冷酷与残暴。我们谈及国家之间的关系时常用朋友或敌人这样的比喻，但这却容易让人产生误解。正如许多政治家所说，强国没有朋友，只有利益，而利益是会改变的。戴高乐说，“血干得很快”。许多国家的确很快就忘记谁是它们昔日的仇敌。国际政治中的所谓“友谊”只是谋求国家利益时的一个感情盾牌。然而究竟什么是国家利益呢？

国家利益就是一个国家认为保障本国安全所必须采取的一切行动。英国统治印度时期控制苏伊士运河就是英国的国家利益，但后来就不是了。国家利益会受到现实的局限。波兰当然不喜欢像德国和俄国这样强大而又不好相处的邻国，但波兰没有选择的权利。美国提出了“门罗主义”，宣称拒绝欧洲干涉本半球的事务，然而美国南面的邻国却并非总是愿意美国如此强大。在1803年的“路易斯安那购置”之前，托马斯·杰斐逊对法国非常不信任，他说：“如果法国占有了新奥尔良……我们就去投靠英国舰队，投靠英国。”邻国一般都是仇敌，而邻国的邻国就成了盟友。

国家利益取决于人们对它的解释，但政权的更迭很少会根本改变一个国家对自身利益的看法。1789年后处于革命状态中的法国和1917年布尔什维克掌权后的苏联基本上因袭了革命前的对外政策，只是比先前更富有侵略性。有时候国家利益会得到威严理论的支撑，如法国的黎塞留主教[1]就曾从理论上证明阿尔卑斯山、比利牛斯山和莱茵河形成了法国的自然疆界。对国家利益的判断需要有精明的头脑和对未来趋势的某种预见。典型的例证是1920年代初丘吉尔对英国国家利益的表述：

> 有人说，如果德国胜利占领英吉利海峡诸港口，我们将无法承受……然而，同样是这些港口曾被欧洲军事上最强大的一个国家占领了几百年，我们依然生存下来——这个强国就是法国，那段时期它几乎从未停止过对我们的敌视。据说新式武器将带来更大的危险，但这要看谁掌握最精良、最有杀伤力的武器。如果除了海上优势我们还有空中优势，我们就能像当年对付拿破仑那样无限期地坚持下去，即便英吉利海峡所有的海港以及所有低地国家（荷兰、比利时、卢森堡）都沦入某个敌对的军事强国手中。我们决不认为，如果最坏的事情发生，英国将不可能独自坚持下去。我不相信这样的说法：我们的命运和法国的命运紧密相连。

政治的严酷逻辑要求我们付出生命和财产的代价来保卫国家利益。人们从来都懂得这样做的必要性。在现代社会，这一必要性衍生出所谓“政府的理由”[②]的说法，根据这种理由，政治领域可以使用暴力、欺骗甚至背信弃义等手段。正如霍布斯所说，暴力和欺诈是战争中要求的基本品性，他认为国际关系永远处于潜在的战争状态之中。19世纪统一意大利的主要人物加

---

① 黎塞留（1585—1642），法国主教、政治家。

② 即reason of state，亦译为“执政者的理由”，参见第五章注。

富尔[1]曾经说过:“如果我们在给自己办事时也使用为国家办事的那些手段,我们就是不折不扣的流氓。”

然而到了后期,人们更多谈论的是“政府的理由”的失灵,因为这种失灵为有关国际道义的主张提供了事实依据;站在滥用国家权力的对立面,其时的国际道义主张已经发展成一种运动。拿破仑派军队越过边界进入巴登抓获并枪杀了当甘公爵[2],这件事使全欧洲震惊。塔列朗[3]说:“这不仅是一桩罪行,这是一场灾难。”第一次世界大战爆发后不久,德国首相贝特曼·霍尔韦格[4]把1839年订立的保障比利时领土完整的条约(德国刚刚违反了该条约)说成是“一纸空文”。德国首相的这一言论严重损害了他的声誉。

将欧洲各国联合起来建成一种国际道义秩序,这种努力源自中世纪“基督教世界”的设想,这设想又是受到古罗马人和自然法精神的启迪。罗马人有一部规限各种族之间关系的法典,而哲学家们则按斯多葛派学说去探索自然法的理性法规,这种规则适用于所有的人类。在基督教社会的共同文化中,战事本身的一些惯例和习俗在一定程度上减轻了战争的残酷:传令官、使节、休战信号,以及关于宽待战俘和豁免非军事人员的惯例,再后来还有对红十字救护人员的豁免。18世纪的一些理性

---

① 加富尔侯爵(1810—1861),意大利王国第一任首相。

② 当甘公爵(1772—1804),法国波旁公爵之子,大革命后流亡国外。

③ 塔列朗(1754—1838),法国政治家、外交家。

④ 贝特曼·霍尔韦格(1856—1921),第一次世界大战中德意志帝国第一任首相。

主义者奉行世界主义，他们从对自己国家的忠诚里解脱出来，有的还幻想建立一个能带来全球和平的世界共和国。并非所有的理论家都赞同这种幻想。例如黑格尔，他虽不是为战争辩护，却认为战争是培养英雄美德的温润土壤。

国际关系研究分为相互龃龉的现实主义和理想主义两派，现实主义学派以国家利益为导向，理想主义学派则主张建立一种国际秩序。后者的主张得到广泛的支持。理想主义者认为，如果说战争曾是解决冲突的一种理性的方法，那么随着大规模杀伤性武器的出现，这一观点就不能成立了。另一种很有说服力的理论是，不可抗拒的发展趋势，尤其是贸易的发展，使国与国之间的依存关系如此紧密，以致民族国家的主权成了一种幻象。根据这一理论就可以得出，国际社会必须采取联合行动来执行保护地球环境的政策。全球化进程显然已经将整个人类纳入同一个国际体系之中，其中包括世界范围内争取人权的潮流，尤其是争取在传统社会分裂性极强的女权的潮流。有些非西方国家拒绝这类对权利的主张，把它称作西方的文化帝国主义。很显然全球经济正在发展成型，然而同样明显的是，在全球占优势的道义规范却没有形成。

国际主义者从道义上批评国家利益，认为它是自私的表现。相反地，遵守国际公约，实施对人权的保护，则是道德的行为。然而读者们一定已经看到，在政治中任何东西都不是纯道德的，也不是纯经济的、纯精神的，等等。在经济上行之有效的东西，在精神上也许十分有害；国际上都认为符合道义的东西，可能会给某一种特定文化带来致命的危险。即便是促进国际道义的运动也不能说完全没有某种功利的考虑。国际道义肯定会比较适合于某些国家，而不大适合于另一些国家。一个发达的公务员官僚体系——其委托人是西方国家的压力集团——自然从国际道义的扩展中得到好处。

现实主义者认为,国家利益一直是,而且应当是国际关系的基本准则。现实派看到,一系列的战争单一起因论——贵族的蛮横、王朝的野心、民族主义、信仰狂热——都已被事实所驳倒。现实派关注的是,建立世界和平新秩序的这种乌托邦理想只会加剧冲突,使局面更难收拾。国家利益在一定程度上是可以谈判的,而权利原则上没有商量的余地。国际组织如联合国在维持和平方面并未取得显著的成功,而且如果有谁提议给予联合国维持和平所需要的权威,世界各国很可能都会十分紧张。由此,国际关系领域清楚地表明,所有的解决问题的政治性方案都可能带来新的政治问题。

第八章

政治的实践(之一):怎样做一个参与者

研究政治的人被称作政治科学家[①],所以我们现在要把政治当作一门科学来看待。然而,我们首先要看一看科学家必须研究的对象——政治活动中的实际经验。

政治的实践有时被比作演戏。政治家与演员显然属于彼此相关的族类。公共生活的建筑多令人想起罗马广场的古典精神,华盛顿的公共建筑尤其如此。在伦敦,19世纪中期重建的国会大厦被恰当地描述为"古典型总体结构、哥特式细部风格"。克里姆林宫的建筑及其主人的装饰物反映了专制主义的冷漠与高傲。法国公共建筑的王朝特征表现在其辉煌壮丽的风格上。英国首相住在比较普通的街道上的一幢比较普通的房屋里,显露了英国公共生活里那种有意渲染的朴素。

以上这些是全国的政治舞台,但即便在电视时代,多数政治戏剧演出的舞台仍是在地方的和地区性的场所;在布满灰尘的会场里,在风吹雨淋的大街上,政治家可以在那些地方对选民宣讲自己的主张。开展政治活动有自身的条件要求:要有若

① 原文为political scientist,通常译为"政治学家"。本章强调从现代科学的角度研究政治学,所以有时译为"政治科学家"。

干代理人、活动场所、与印刷商的联系、一批支持者、经费，而一般来说为了取得上述条件先得有一个地位已经确立的政党。富人和名人有时愿意新建一个政党，但这样做会遇到不少困难。雄心勃勃的政治家通常会从边缘向中心进取，每欲前进一步都像是在玩“毒蛇与梯子”[①]的棋盘游戏。

政治家在从政之初需要具有与关心政治的公民所掌握的同类的知识，不过在程度上要更扎实一些。每个美国政治家都必须清楚地了解宪法，了解人权法案以及联邦最高法院的许多判决，否则将寸步难行。历史知识是必不可少的，它能提供一系列史实、参照物、比喻，没有这些东西，政治语言就不容易被人理解。从独立战争到南北战争，再到美国历史上流行过的歌曲、口号，政治家必须学会从中得到启示。这些启示很多都有强烈的地域性，正是它们构成了政治家希望代表的人群的文化。政治家必须详细了解参议院和国会如何运作，当然更要了解各州与参议院和国会的关系。这些知识多是基本的、比较乏味的描述性资料，但没有它们政治家的见识便只是停留在道听途说的阶段。

各种政治传统有很大区别。在本书开始对“政治”和“专制”进行比较时我们已经说过，这两者在建立社会秩序的方式上存在着巨大的差别。人是什么？人，尤其是女人应当得到什么？许多国家的人们对上述问题的回答，将会与本书的一般读者大相径庭。传统是一代代人“传递下来”的，研究任何政治体系时，传统（也许可以重新表述为“政治文化”）都必定是一个中心内容。

---

① 一种游戏，棋盘上画有毒蛇和梯子，逢梯子可前进，遇毒蛇则止步。

传统是由许多成分组成的，从人们关于国家的言论中也许很难了解到政治的实际情况。例如，长期习惯于被税务官盘剥的人们，他们对人口调查，对政府的结构形式，对领导人的言辞的态度全然不同于欧洲自由民主国家的人们。在某些政治传统中，人们对变革满怀希望；在另一些传统中人们又对可能的变革采取玩世不恭、听天由命的态度。思想和情感装载在语言中，通过一代代人传下来，语言本身揭示出一个对政治前景产生影响的观念体系。例如，所有语言中都有英文justice的对应词，但英文justice宽泛的含义中包含许多变异——比如“公平”的意思，这些变异一定来自英语之外的别种语言。即使是在文化上与英语十分接近的欧洲语言也很难精准地翻译约翰·罗尔斯[①]《正义论》一书的副标题“Justice as Fairness”。另外，中文里与freedom相对应的词含有“圆滑”和“自私”的意思，而不是像欧洲语言中的自由一词那样含有“勇气”“独立”的意思。

多数政治理论都是对经验的总结。政治家们必须从历史中，尤其是从代表性的英雄和恶人那里学得许多东西。马基雅维利提醒人们要仔细研究古罗马的丰功伟绩，然而现代历史中并不缺乏值得借鉴的样板，而且更能揭示我们自己的政治传统。例如英国政治家就应当了解大宪章、圆颅党人和保皇党人、

---

① 约翰·罗尔斯（1921—2002），美国哈佛大学教授。他的《正义论》是现代西方最重要的政治哲学、法学、道德哲学著作之一。这本书的副标题是Justice as Fairness，意即“justice当作正义来讲”。英文justice有“司法”“公正”等含义，而其他语言的文字包括中文却并非如此，所以这个副标题很难翻译。这本书目前的中文译本就没有译出原著的副标题。

辉格党和托利党、19世纪的英国选举法修正法案，以及英国历届首相墨尔本、皮尔、迪斯累里、格拉德斯通、丘吉尔、艾德礼、威尔逊等人各不相同的政治风格，当然更不用说20世纪发生的重大事件。许多史迹都只是传说，人们的看法也见仁见智。一个工党政治家也许会认为拉姆齐·麦克唐纳在1931年组成联合政府是对工党的背叛；一个保守党人则会持不同观点，不会认为这件事有多么严重。政治家们通过无休止地谈论历史上的重大事件和当前的作为空间来面对现实世界，他们用自己的一套特殊语言来达到这个目的。在政治活动中，“绥靖”再也不是对别人的不满作出的一种回应，而是专指关于20世纪30年代外交政策的一场争论。第二次世界大战结束后的几十年间“绥靖”是一段羞耻和怯懦的历史的代名词。后来出现了略为不同的声音，有人出来批评丘吉尔这个“绥靖”政策最著名的反对者；又有人争论说1940年英国单独抵抗希特勒的后果只是使英国陷入被美国和苏联这两个新兴帝国控制的境地。对历史事件的评价很少有长久不变的，吊诡的是，历史和未来同样令人感到迷茫。

对于诸如法国这样的国度里有抱负的政治家来说，历史的影响大于盎格鲁-撒克逊国家里的政治家通常感受到的影响。法国大革命在法国造成了深刻的分裂，主要是宗教和世俗的分裂，而纳粹的占领所留下的记忆使国民在后来的日子里一直在政治上忠于祖国。爱尔兰政治也同样无法摆脱历史的影响。美国大致说来比较幸运，尽管南北战争留下了更为痛苦的记忆。

既然政治就是演说，那么政治技巧就包括机智的谈锋，政治家也都以他们的言辞而留在人们的记忆中。人们记得温斯顿·丘吉尔在第二次世界大战期间“雄狮怒吼”式的演说，也记得他的那些机巧的俏皮话，其中有些说得很刻薄，比如把克莱门特·艾德礼[①]描述成"一头披着羊皮的羊"。林肯凭借他的智慧取得了政治上的成功,但很难想像他的政治技巧能离得开他那高超的演说才能。这些人物当然都属于一个已经消逝的时代,那时的公民都像鉴赏家一样去聆听政治家长篇大论的演讲。格拉德斯通曾花了四个小时来向下议院陈述他的预算计划——据说当时还提供了生鸡蛋和雪利酒饮料来取悦听众。广播和电视的庸俗化效果毁坏了这种政治文化,它们制造了如此大量的东西来分散人们的注意力,政治只能被挤进一个更狭小的空间:"精彩片段"(sound bite)[②]。"精彩片段"属于简单化的标语口号类型,但这并不意味着政治家无须具备高超的演说能力。

在现代民主国家,政治家是一个较广泛群体的代言人,政治家的目的在于取得某个职位。"代言人"和"职位"是一个世界的两极,从政的人们必须奔忙于其间。这两极都在很大程度上揭示了政治的本质。

代言就是代议制,现代国家的管理必须由公民的代表而不是公民自己来执行,因为立法条规常有数百页之多,不具有特别的技能,不投入大量的精力,就无法掌握这一套繁琐的规章。然而政治家要花很长时间来发挥代表的功能,最后才能形成政策。这是一种寻求众人都能接受的立场的技巧,因为这个立场能将相互冲突的利益协调起来。肤浅的批评家看得到政治家的立场是含混和不确定的——这常是必要的,但却往往看不到政

---

① 克莱门特·艾德礼(1883—1967),曾任英国首相。

② 西方大众传播领域新出现的词,指大众媒介对政治家言行的报道中最能表达其政见也最能吸引观众注意力的片段,通常只持续十几秒钟。

治家的这种技巧：找到问题的某种症结，利用它将不同意见统一起来。像能够随意隐藏物件的魔术师一样，高明的政治家对一部分听众发表一种意见，却能让另一部分听众(有时就在同一个表演厅内)听不出他本来的用意。头脑简单的理性主义者有时指摘政治家的这一特点不过是为了寻求支持而不惜诈骗，记者们则会对政治家和演讲进行“解码”，揭露所谓隐藏在言辞之中的“信息”。如果更深入地理解，就能看到这种技巧能使见解和态度都大相径庭的人们共同生活在同一社会。这一技巧若失灵——比如加拿大政治家，他们未能设计出一个将说法语的公民与说英语的公民的意见统一起来的加拿大——社会就会走向解体的边缘。美国政治家运用策略尽力避免国家因废奴问题而导致分裂，因为他们担心除此之外只剩下内战这一种选择，后来发生的事情被他们不幸而言中。

政治家既受到“代言人”角色的限制，又要进一步被他的职务所规定的责任范围所约束。权力的野蛮残暴在很大程度上被转变成官场的温文尔雅，重要的是要对这两种现象加以区分。局外人常常瞩目于担任国家重要职务的官员手中的权力，然而由于披上了传奇剧般的色彩，权力的威力多被夸大了。首相或总统的权力受到宪法的规限，他们当中的理想主义者很快就发现，他们若想推行改革就不得不作出一系列违背自己意愿的让步。正如哈里·杜鲁门所说：“总统拥有的最大权力就是说服人们去做他们本该无须经人说服就去做的事情。”一个职位所具有的权力只是一种技巧，掌权者运用这一技巧再凭借其权威来完成本该完成的任务。除此之外，人们在谈论“权力”时便只是指一个掌权者纯属实现个人意愿时得到的乐趣，这种乐趣基本上是没有多少价值的小事。小事中最无价值的，又属掌权者能享受的经常在公共场合抛头露面的乐趣，以及他有能力帮助——或是阻止聚集在自己身边的那些野心勃勃的政治家们实现自己的愿望。毫无疑问,这种能力可以被用来达到不正当的目的。肯尼迪总统在这方面臭名昭著,他利用总统的声名勾引过许多女人跟他睡觉,尽管他既英俊又有钱,不必仰仗总统的名位来干这种事。或许像匈牙利作家阿瑟·克斯特勒描写的那种仰慕政治明星的女子一样,她们中的部分人“愿意跟历史睡觉”。这种权力不是掌权者所占有的什么东西,而是掌权者和权力所及范围内成员之间的一种道德关系。如果说这是腐败,那就是双方的腐败。

政治的本质是说服,这一事实具有一个核心含义:政治家决定一项政策所依据的种种理由完全不等于他公开宣称的那些理由。这两类理由也许会部分地重合,也许会互不相干,但不论属于哪种情况，我们都不能说政治是一种玩世不恭的职业。我们这样说的根据是一项政治行动具有的可称为“**维度**”的东西。维度之一就是这项行动的可行性。它能产生预期的效果吗?它的代价和可能的长期后果是什么？例如,政府打算使所有的公民都能得到养老金,这当然能解决老年人的困难,但这同样会产生经济上的后果,因为勤俭和储蓄的积极性将受挫,其后果又会波及经济。真正的检验标准是长期效应。19世纪的政论家沃尔特·白哲特说过，任何改革的后果都必须等到经历了改革的那一代人过世之后才能显现出来。

维度之二:执行某一**特别类型**的政策会有什么后果？它肯定会被用来证明可以继续执行同一类型的其他政策。这项政策如果失败了,也许有人会提出应当进一步推行这项政策,而不是放弃它。例如,由中央管理的某项经济活动产生了异常后果,人们典型的反应是进一步加强中央管理来处理异常状况。还有一个维度:某项政策对于推行者的短期和长期利益会产生何种影响?这里说的推行者包括个人和制定这项政策的政党。例如,1945年后英国创立福利国家制度,选民广被其泽。因此,这项政策的短期效应本当是使执行者英国工党获得更多选民的支持。事实却并非如此——工党在1951年的大选中失败了。更糟的是,这一时期的某些福利措施被认为造成了工人阶级的"贵族化",使他们反而疏远了工党。正像政治家们有时所说的,成功带来的失败是最惨的失败。

"公共利益"或是"众人之善"之类说法常会引起人们的冷嘲热讽。人们很容易批评说,对于不同的人群,政府的任何一项举措都既可能产生有利的,也可能产生有害的后果。然而,以为可以从个人代价和收益的角度来衡量公众利益,这是误解了公众利益的含义。这一类概念是政治论证的语汇形式,其含义只有通过公开辩论才能逐渐明晰。这些概念是提倡任何一种政治主张时都必须具备的形式条件。一个政治家当然不能说:"我主张做这件事,因为这对我有利。"如果他这样说,那别人就没有理由也去做这件事了。毫无疑问,人们也会隐隐感觉到政治家主张的每件事对他本人来说也是最好的选择,但这并不意味着他是一个只顾个人私利的伪君子。政治活动许多都出于对政治家自己有利的目的,尽管我们有理由认为政治家一般来说比我们当中的其他人更多地为公众利益着想,而不是更少。两者的差别也许不大,但总还是有一点差别。

以上所说并不等于否认政治中有不少卑劣的成分。政治家必须运用机巧。例如,一个委员会表决时如果赞成和反对的票数相等,一项动议就会被否决。精明的政治家懂得这个规矩之后，就可以决定从正面还是从反面来提出某一项结果难以确定的动议。如果他反对某项政策，他反而可以提出正面的动议，经过表决对立双方票数相等，动议被否决，他仍然达到了自己的目的。1994年在英国举行的欧洲选举中，一位候选人把自己称作literal（真正的）而不是liberal（自由主义的）民主派候选人，这一说法使他赢得了数千名头脑简单的选民的选票。候选人名字的头一个字母如果排在字母表里靠前的位置，也能给他带来虽然微小却很重要的优势，因为愚钝的选民填写选票时会按照候选人姓氏字母的顺序来作选择。在美国的许多州，姓"肯尼迪"的候选人一定会多得到一些选票。而政治家的主要过错都来自人性中相当普遍存在的那些弱点：没有胆量向自己认为不正确的主流观点挑战；担心别人认为自己愚蠢；总想作出貌似高尚的姿态；总倾向于作出较少阻力的选择，因为他知道，等他退位之后恶人自会有恶报；等等。

政治家们之间形成了一种俱乐部，他们在自由民主制中拥有共同的文化感受，这种文化跨越了党派的界限。例如，不同党派政治家之间的友谊往往会超过同一党派成员之间的。某些观念总是在这一文化中占主导地位，而这些观念有的可能违背了一般人的看法（这些看法被政治家们称作"偏见"）。近年来政治家对死刑、文化多元主义、国际理想主义等问题的看法就是明证，他们有时还将这些看法混同于与其相去甚远的"原则"问题。这一事实表明，从某些方面看，政治家作为一个阶层形成了一个寡头集团，其意向与被统治者大相径庭。某些国家的选举制度要求选民支持政党提名的人选，这样一来寡头政治的倾向就更明显了。如果政治家的追求与民众的愿望之间的差距越来越大，人们对政治家的信任就会下降，人们会认为政治家不是在代表人民，而是在蒙蔽人民。我们熟知的那种政治的微妙变成了赤裸裸的诡辩。这当然是一种危险的局面，野心家可能会乘机煽动民众。

我该怎样向听众介绍我的政策呢？面临这种问题的政治家想的更多的是听众，而不是他自己内心的意愿。听众有时是他的同行，有时是他所属的政党，有时是全体选民。我们可以假定，他已经说服自己相信提出这项政策的理由很充分，但他认为很充分的理由在别人看来可能毫不起眼。说服之难在于找到在听众看来也是确凿的理由。要想说服听众，政治家就必须从他与听众共同认可的观点出发。说服的第一步就是说服者设法使听众相信自己的意愿与听众要达到的主要目标是一致的，只有做到了这一点，才可能使听众相信他提出的政策与听众的主要目标正好吻合。

以上关于说服的议论表明，政治家必须是一种特殊类型的人，他要善于将自己的真实看法深藏于心。其他人可以心里想什么嘴上就说什么，可以尽情利用现代世界发明出来的大众传播工具，可以在根本不懂的问题上顽固地坚持己见。政治家则必须考虑自己的言论对自己的前程会发生什么影响，他必须具备一种特殊的人格结构。然而这并不等于说政治家就是伪君子。政治家从事的是风险极大的行业，他必须时刻留意形势发展的走向。政治家的才能中自然包括对机遇的把握，然而如果他没有真正的信念——道德的信念和对形势将如何发展的信念——他就会缺乏干大事业的政治家通常必须具备的那种清晰的形象。国务活动家——最高等级的政治家——善于将内心的信念与利用一切机遇的才能巧妙地结合起来。1940年戴高乐在伦敦发出抵抗德国侵略的呼吁，1946年他宣布退出法国政坛。这两次举动都很冒险，都可能使他身败名裂。30年代丘吉尔反对绥靖政策，这很可能使他从此退出已经小有成就的仕途。1964年巴里·戈德华特参加总统竞选，这一灾难性的冒险只是为里根1980年竞选的胜利作了铺路石。政治的决窍是，既要努力取胜，又不可求之过甚。

第九章

政治的实践(之二):政党与政治信条

参与自由民主政治,就意味着参加或支持某一政党,也就是在一些重大政治问题上选定自己的立场。吉尔伯特[①]在他所写的歌剧《伊奥兰瑟》中把这说成是人的无法摆脱的秉性:

> 我常觉得这件事很滑稽,
> 老天为何总是这样设计:
> 让来到世上的男男女女
> 不是倾向于自由主义,
> 就是倾向于保守主义!

吉尔伯特说的当然是19世纪的英国;在其他国家名称和侧重点可能不同。美国的民主党和共和党或许不像自由党和保守党那样特征鲜明,而20世纪英国最引人注目的是工党。另外我们必须看到,政党的名称有很大偶然性:它只是一个称谓,并不等于政治信条。共和党并不比民主党缺少民主观念,民主党也

---

① 吉尔伯特(1836—1911),英国词作家,以善写幽默打油诗闻名。1882年与沙利文合著歌剧《伊奥兰瑟》。

和共和党一样赞成共和。不过吉尔伯特说得对，自由主义和保守主义是两种最基本的倾向，而且一切都可以归结到这两种倾向的名下。

当然不能只有一种倾向。政治学家长期以来接受了“一党制国家”这个名词，这是概念混乱所致。“党派”这个词本身就意味着还有至少另一个类型上基本相似的党派。[①] 政治的精髓就是不同见解的争辩，要争辩就必须有对立的另外一方。一个政党若是独揽权力，只是自说自话，就像20世纪的一些执政党所做的那样，这个党就是极权主义，也就是专制主义，因此，这个政党和政治是格格不入的。在每个自由民主制国家，一般都有两个势力最大的政党以及一些处在政治权力边缘的其他政党，另外还有许多政治派别，它们有时会参与竞选的角逐。在对现代国家的舆论现实作了上述概览之后，还须补上这样一笔：各个政党都与各式各样的群体建立了密切的联系——压力集团、利益集团、行业组织、公共关系公司、院外活动分子、教会，以及所有其他团体，这些团体时常感到国家管理权限越来越宽，它们必须对国家的决策施加影响。

政党努力在竞选中取胜，但这并不完全意味着“夺取国家政权”，其实国家也在“夺取”政党。在竞选中被说得极为动听的政策，一旦新上任的部长们分析出其中的含义，就可能发现其只是灾难的诱因。政治管理的实践往往会使唇枪舌剑的政治辩论所兴起的风浪平息下来，因为政治管理是一种受到制约的、必须承担责任的活动，而民主政治则是一场分出高下的游戏。

① “党派”在英文中是party，这个词还含有“一方”的意思，如party A即“甲方”。

参与者必须冒险,有的人成功,有的人失败,夺魁呼声甚高的候选人败给了名不见经传的对手——这样一副景观激励着各党派的积极分子。埃德蒙·伯克[1]这样评价政治活动中竞争的好处:“与我们争斗的人锻炼了我们的神经,让我们的技艺更加精湛。我们的对手也是我们的帮手。”其制度精髓在于:选民能够“把败类淘汰出局”。

吉尔伯特认为政治倾向性是与生俱来的,也许真有某种普遍的人类秉性支撑着政治倾向性。美国哲学家威廉·詹姆斯说,人可以分为硬心肠和软心肠两类。有人认为社会主义者总是谈论同情心的问题,所以属于软心肠一类;而保守派——近来支持自由市场经济——属于硬心肠。如果我们认真分析一下当代政治领导人,以上观点就站不住脚了。

政党的复杂性有时是与促进还是抵制变革的抽象问题联系在一起的。当然,变革可以是好也可以是坏,要视判断标准而定,但保守派有一种对变革本身一概反感的秉性,而自由派则欢迎变革。有人用生理因素来解释保守派与自由派的差异:青年人急于变革,但随着年龄的增长会变得保守起来。当然,青年人在政治中的确很不一样,他们乐于将无穷的精力奉献给社会改革的理想——就像青年土耳其党、布尔什维克分子、墨索里尼的法西斯分子、希特勒的纳粹党徒,还有1960年代青年运动中的狂热分子。我们一眼便可以看出,上述事实不能成为鼓励青年人参与政治的理由!

另一种说法是,政党是与利益联系在一起的,所以富人是保守派,穷人是自由派或是社会主义者。这一传统观念的现代

---

① 埃德蒙·伯克(1729—1797),英国政治家,辉格党成员。

版本是这样一种观点:现代国家是资产阶级和无产阶级之间的隐蔽战争的战场。这个观点有两个大漏洞。第一,在战争中一方力图彻底打败另一方,而政治论争则是一种运动,一种竞技,每一方都**需要**另一方。踢足球不能没有与你一比高下的另一支球队,搞政治也不能没有相互竞争的政党。因此,阶级战争的观点隐含着这样的意思:政治从此结束,然后由一些政治领导人创建单一的、真正的统一体。第二个漏洞是,如果说政党只是利益的代表,那就无法解释为什么相当数量的工人投保守党的票,而相当多的富人和中产阶级分子拥护激进的方案,包括以平等的名义对财富进行再分配。从这一观点出发的政治学家无法理解这样的现象:为什么蓝领阶级加入了共和党,工人阶级成了托利党人。事实上,政治是一种说服活动,从选民没有理性的行为中我们无法确切地了解他们将会怎样思考,怎样行动。

以上这些观点都能帮助我们了解一个复杂多变的领域里的某些方面,它们还能在一定程度上纠正对政党的最具有蒙蔽性的误解——将政党与政治信条(有时也叫"意识形态")联系在一起。在政治中原则和纲领固然重要,但它们能否实现却要取决于所处的境况。问题在于境况总是千变万化的,政治学家只好把注意力投向政党的信条,因为信条至少还有某种智力上的连贯性。在许多情况下,政治信条几乎是我们在研究政策运作时的唯一依据;无论在何种情况下,信条本身都有一种思想上的吸引力,使它成为值得研究的对象,尽管我们应当时刻清醒地意识到,在政党实际运用权力时,信条的作用十分有限。

读者可能已经注意到,到此为止我们讨论了自由主义和保守主义,对社会主义却只是顺带提及,而从某些方面看社会主义应是现代政治中左翼政党的法定信条。在厘清这一领域时我们必须十分谨慎，而且在没有谈到下面一章所涉及的意识形态问题之前，我们对社会主义的论述将是不完全的。让我们从叙述的角度来讨论社会主义，并以英国的经历为基础，而英国式的社会主义正是被广泛仿效的蓝本。

政治领域中始终存在着参与者分裂为党派或派别的现象，早在17世纪中期保皇党和圆颅党就互相争斗，而英国最先出现的政党则是辉格党和托利党。1679年辉格党和托利党在有关约克公爵詹姆斯的法案上成为对立的两个党派，该法案以詹姆斯是罗马天主教徒为由拒绝他继承王位。托利党倾向于秩序与服从，而辉格党是贵族派，主张政治应当建立在由数量有限的选民表态赞同的基础上，就像国会制度所体现的那样。然而在后一个世纪里英国的政治活动多须仰仗皇室的庇护才能成功。很久以后党派才开始受到尊重，反对党制度才成为政治体制中不可缺少的组成部分。

辉格党的理论家是约翰·洛克。他的学说为一种类型的自由主义打下了基础——政治统治必须建立在被统治者同意的基础上；人生而拥有生存权、自由权、财产权等自然权利。1776年美国的独立宣言中出色地表达了洛克的思想——它宣称人对于“生存、自由、追求幸福”拥有不可转让的权利。这是一种向传统提出挑战的政治学说，它投合了人们要求对政治和社会都进行改革的愿望。我们似乎可以说，要求废除经不起理性检验的一切规限，这一主张奠定了现代社会的基础。因此，“自由主义”具有了两重含义：第一，它是现代政治中与保守主义和其他信条相对立的一种特定的政治倾向；第二，它是一种原型式政治观念，可以囊括一切形态的现代欧洲政治。

自由主义一词直到1830年代才流行起来。那是一个创造政治名词的时代，社会主义、保守主义等现有名词都是当时出现的。然而到这个时候，由于现代政治中一个具有决定性意义的事件，英国政治已经分裂为两派。这个重要的问题就是，如何理解1789年开始在法国发生的事情[①]。辉格党的一名领袖人物查尔斯·詹姆斯·福克斯认为，法国终于走上了1688年英国走过的道路[②]；福克斯的朋友埃德蒙·伯克[③]则认为法国革命者从人权宣言的抽象原则中推衍出破坏性的政策，这是一种新出现的十分糟糕的现象。他们抛弃了传统，目的是在一个抽象的政治蓝图指引下用暴虐的方式统治法国（很快还要统治整个欧洲）。伯克相信这种做法将会毁灭人类。伯克对法国大革命的看法预见了西方世界后来批判共产主义的所有观点。法国和俄国版本的乌托邦主义最终都以使自己的国家陷入血泊而告终。远在第一颗头颅滚下断头台之前，伯克就作出了以上的预言。

伯克实际上以他对自由主义的剖析创立了保守主义，他认为，作为一种主张改革的政治学说，自由主义和某些社会改造学说如出一辙，那些学说徒劳无功地以毁灭性的方式寻求建立一个理想社会，结果只会使整个政治都走向毁灭。伯克的《法国革命感想录》（1790）精辟地陈述了他的基本观点。进一步将对

---

① 指法国大革命。

② 英王詹姆斯二世专横暴虐，1688年数名英格兰主要人物邀请尼德兰联省共和国执政者威廉三世进行干预。同年威廉率军在托尔湾登陆，英王詹姆斯被捕。1689年英国召开上下两院联席的特别会议，宣布詹姆斯逊位，威廉三世和玛丽二世共同继位，完成了一次不流血的革命。

③ 见前注。

政治的理解与专制主义的混乱观念相混淆的另一个原因，是对“左”和“右”进行区分的盛行。它的起源是一种比喻，原指法国大革命时期的国民会议中不同派别就座的位置。左派和右派后来分别用来指革命和反革命，伯克和其他拥护“政治”①的人们都认为，革命和反革命这两个概念都和政治格格不入。根据伯克的看法，政治应当建立在保存和改革的观念之上，政治的出发点不是关于完美社会的抽象构想，而是现时的境况。

那么，怎样看待社会主义呢？社会主义起源于19世纪两个现象的融合：第一，19世纪有这样一种思潮，即认为社会基本上是一个工厂，其产品应当平均分配给工厂的每一名成员。第二，在那一个世纪里，新生的产业工人阶级实际上获得了政治权利。社会主义的独特之处在于对穷人的关心，它寻求通过立法来制定这样的政策：重新分配财富、由国家提供福利，使公民的生活状况趋于一致。社会主义反对奢华和富人的无所事事。

社会主义和自由主义以及保守主义的区别究竟在哪里？作为现代社会中的一种改革学说，社会主义看起来更接近倾向于改良的自由主义。在英国，工党实际上是在自由主义的羽翼下成长，最后自称是改革的政党而取代了自由党。另一方面，正是保守党人沙夫茨伯里于1840年代提出了“工厂法案”，也正是历届保守党政府于1951年后继续并拓展了工党的福利国家政策。1985年英国煤矿工人罢工，反对意欲提高矿山经济效益的保守党政府，此前工党却一直在支持本质上带有保守色彩的补贴政策，目的是保存一些煤矿居民区。

这是一种常见的情形。政党互相偷窃对方的政治外衣，把

① 如前所述，此处的政治是与专制相对的。

对方的支持者挖到自己这边来——这是政治这个庞大游戏的一部分，往往较少考虑本党政治信条的前后一致。一贯支持自由贸易的自由党人在1890年代提出所谓“新自由主义”，转而为补贴和保护主义政策辩护。玛格丽特·撒切尔的保守党政府于1979年之后被指责背叛了保守主义而采纳了古典自由主义政策。形势改变着政治的色彩，以至于在某些形势下一个政党认为正确的政策，在一代人之后或许会呈现完全不同的面目。现代政治中最吸引人的一个现象是，在美国未能出现一个成功的社会主义政党。当然，民主党采取了许多在欧洲会被称作“社会主义”的政策，而且美国政治中“自由主义”的含义比欧洲的自由主义更接近社会主义。政党对政策合理性的一切论述都是抽象的，而在新的形势下，这些论证提出的要求会超出政党实际愿意承担的责任。在这种情形下，政党就必须调整政策或是信条（有时两者均须调整）。

在政治实践中，自由派一般赞成改革，保守派则坚守传统——这种说法向我们揭示了正确的趋势，不过仅此而已。不管怎样，它无法解答关于社会主义的问题。社会主义的政治倾向是否与自由主义和保守主义一样已经深深扎根于政治之中了呢？是否可以说，社会主义是一种运动，它超越政治生活的兴衰，将目标指向远比政治更为宏大的前景：建立一个永远完美的社会？问题的关键在于，社会主义既可以指对一个完全公正的社会的信仰，也可以指这样一种政治倾向：主张在条件允许时实行平均主义的财富再分配改革。在一个完全公正的社会，不管它是什么模样，都不需要严肃的政治活动；完全公正的社会是一种完美的规划，我们可以称之为意识形态，后面将谈及这个题目。这就是社会主义这个名词的一般含义，对社会主义的信徒来说尤其如此。正由于上述原因,社会主义获得了一个真正意义上的政治伙伴——这个伙伴常被称作社会民主主义。加上“民主”就意味着在政治上承认,国家作为一种体制必须对其成员目前的好恶和要求作出反应。因此,任何关于一劳永逸的最完美国家的设想与政治行为本身正好是相互矛盾的。

第十章

政治的实践(之三):正义、自由、民主

政治行为的一大部分是讲演,因而必须使自己戏剧化。从某种意义上说,国王只不过是人群中的一个普通人。君主制国家的社会秩序要求将国王**戏剧化**,因而要有王冠、宝座、权杖、仪仗队、王室徽章等象征物。现代平等时代中的首相、总统也在使用上述的某些象征物。政治表达多含有隐喻性。前面我们将国家看作一个政治"机体",现在我们可以把国家视为一艘航船。"政府治理"(government)这个词本身就隐含着航船的比喻,[①]它源于中世纪拉丁文*gubernaculum*,意思是"船舵"。政治是驾驶国家这艘航船的艺术。那么,舵手靠什么航标来掌握航向呢?

显而易见的答案是:他应当凭借**理想**来指引航向。理想是远方的灯塔,它是人人都该努力达到的目标。理想往往是政党视为身份归属的某种观念。例如,保守党人将维护传统视为己任,自由党人则拥护自由,社会主义者主张平等。然而为政治导航的最有用的工具是"正义",它的重要性甚至超过了上面提及的这些价值诉求。第一部政治哲学的杰作——柏拉图的《理想国》将正义看作最高美德,它决定其他一切美德的地位。现代的

---

① government的含义还有"政府""政体""管理"等。

“正义”(justice)一词来自拉丁文中的*ius*,这个拉丁字的含义既包括法律也包括权利。柏拉图在那篇著名的对话中一开场就说,正义就是每个人得到他应得的。但他又说,如果我们无法说清什么是人们应当得到的(或应得而未得的),这个界定就毫无用处。而这样做就需要对**城邦**的整个结构加以描述。在柏拉图看来,正义就是根据人们具有的天然秉性把他们安排在国家中适当的位置。于是君王就当是哲学家,因为只有哲学家才能理性地了解人的本性。实现正义的基本原则是互助互补,工人、武士、哲学王都必须各尽其责。

柏拉图的理想国有时被看作是一种乌托邦,也就是对某种理想状态的描绘。但这是一种误解。首先,人们的欲望和理想各不相同。我凭什么非得赞同你的欲望?你也不必向我的欲望看齐。仅就人的欲望而言是没有多少道理可讲的,而讨论究竟**应当有何种欲望**这个问题则必须超出欲望的范围,进入客观的层面。然而从深层意义上说,正义是一种理想,我们所生活的这个纷繁的世界里没有一样东西能真正**成为**理想的。用航海来作比喻,正义是给我们导航的星斗。凭借星斗来指引航向,并不意味着我们要把航船开到星斗上去。我们有时候说,正义是一种规范式概念,这意味着我们应当以它为标准。如果我们说,为了维护正义必须制定某政策,或是说,目前存在着不公正的状况,这都是在建议采取行动。因此,在谈论正义时,我们或是在描述一个理想,或是在描绘一个乌托邦,或是在倾诉某种不满,或是在倡导一项政策,或是在追寻许多其他的目标。对正义和其他理想来说关键的一点是,它们能以许多不同的方式发挥作用。重要的是,在任何具体情况下我们都要弄清是哪一种功能在发挥作用。

例如，选举权只限于有财产的公民或成年男子，这公正吗？一个民族要受另一个民族统治，这公正吗？强迫每一个公民信奉国教，这公正吗？这些问题环绕着“正义”的主题引起了激烈的争论，而不同时代的人得出了不同的结论。显然，正义的内容至少在某种程度上要取决于人们当时的观点。对于上面引为例证的问题，多数人都能作出明确的回答，他们因而会倾向于认为，随着时间的推移人类的正义观从狭隘的偏见逐步发展成比较宽容、合理的观念。这是我们的一种自我陶醉的幻觉。所有这些经历似乎只能证明，每一代人都满意地认为自己终于能体面地作出真正合理的道德和政治判断。

例如，不管一个国家的政体有多么民主，其公民的政治参与程度总会有起有伏，这完全取决于形势的变化，没有什么更深刻的理由。希腊罗马时期的公民参与多于中世纪；中世纪早期意大利城邦的公民参与多于中世纪晚期。情况总在左右摇摆。当代的人们认为道德标准都是相对的，所有的文化都是平等的——他们想把这种信念当作最终的结论，自得地认为他们终于获得了人类多少年来都在探索的真理。

政治就是对“怎样做才公正”的无休止的公开争论。亚里士多德说，政体中的不稳定来自人们对平等的追求。他还说，公正就是根据不同群体对**城邦**利益的贡献来分配荣誉和职位。数量、财富、功勋都必须有自己的位置，一个真正的政体应包括民主的和寡头的两种成分。此处哲学家只是在告诉我们什么是公正。他不是在教我们怎样实现公正，假若他真想这么做，他列出的公式也派不了什么用场。这倒指出了公正这种观念能够发挥作用的另一条道路：公正可以用来从哲学上解释我们已知的事物。我们曾经使用的航船的譬喻有一个很大的缺陷：它告诉我们，只有在尚未到达的某个地方我们才能寻找到公正。这是十分错误的。我们已经知道什么是公正，而且我们的社会在某些基本的方面已经实现了公正。如果这不是事实，我们就无从认识公正。换言之，公正不仅仅是存在于我们前方、可以为我们导航的目标，公正也曾在我们的过去中存在，它揭示了我们的现状和我们的历史。

这就说明了为什么政治生活中总会有人在某些时候提出维护公正的要求。当新思想出现，或是形势发生变化时，原先看起来自然合理的情形现在却使人们不满，要求改革，而改革的理由就是维护公正。从修辞功能看，“正义”的词义可以降格、俗化。每个人在提要求或发牢骚时都可以假公正的名义，所以公正能够激起强烈的感情，这情绪又能酿成民众的骚乱。对立的两个阵营高举正义的大旗相互争斗，能将整个社会拖入内战。1860年在美国就发生了这样的事情，霍布斯则认为英国的内战也是这样发生的。因此，霍布斯相信另一种思想传统——将正义降低为维持社会秩序的基础，认为问题的关键在于稳定。霍布斯认为应当完全由统治者来负责决定什么是正义。他毫不含糊地说，一个正义的公民就是“**在行动上遵守国家法律的人**”，这样就否认了公民有权凭借自己的良知来发现与现行公共政策相悖的更高的正义原则。这并不等于说，像霍布斯这样的哲学家不看重正义或良知。圣奥古斯丁问道：“国家没有正义，盗贼横行，那将是一幅什么情景？”然而在他看来，人世间的正义只不过是对天堂的拙劣模仿而已。这些哲学家们将正义看作一种易燃品，极易被情绪的火花点着，所以最保险的办法是把正义交由哲学家妥善保管。

理想如何在政治语言中发挥作用呢？我们可以看一看“自

由”这种理想。我们可以把自由称作liberty——这个词来自古罗马一个名叫“利伯”的神，就是酒神狄俄尼索斯；也可以称作freedom——来源于日耳曼语中的一个词，指一户人家中除奴隶之外与一家之主较亲近的成员。自由这个词最重要的功能是身份和属性上的自我标定：例如表明这些阶层的人们是不受统治的人；这些政体是不受王权统治的共和政体。最广义的自由把由政治体制治理的人民与被专制体制统治的臣民区分开来。西方正是依据这一点而自称为“自由世界”，以区别于专制统治的。这里，自由是一个表示理想的词，但我们不必像看待“正义”一样把“自由”当作导航的灯塔，因为我们已经获得了自由。我们的任务只是很好地维护我们已经拥有的东西。

对自由含义的最明白的解释是从反面来界定：自由就是不受限制。在政治语境中，自由就意味着不必生活在一个拥有生杀予夺大权者的统治之下。但这很容易滑入诡辩：如果自由就是不受限制，那么，假若我因为缺钱而无法做想要做的事，那就可以说，贫穷就是不自由。照这样推理，“自由”就滑向了“权力”，我们就会去拥立某个善良的独裁者，指望他来消灭贫困，使我们享有平等的权力。霍布斯对自由的疑虑不下于对正义的担忧，他将自由谨慎地定义为“法律的沉默”。就是说，在没有限制性的法律条文强迫你服从时，你就是自由的。然而我们更熟悉的欧洲传统是，将自由定义为在法治下生活，而不是在专断的统治下生活。但即使是这样一种合理的观点也可能隐含着问题。如果自由只是不受限制而已，那么当法律禁止我们做某事的时候，我们怎么能是自由的呢？这是霍布斯的看法，他的追随者杰里米·边沁[①]也持同样的观点；然而在此情况下我们应当看到，法律（而不是专断的命令）完全是抽象的，人们的自主判断权并没有被剥夺。例如，对多数人来说，并没有强制性的法律条文限制他们用杀人的手段来达到自己的目的。但他们在成长的过程中本能地将杀人的选择排除在外。

一艘国家的航船在无边无际又深不可测的生活之海里航行时，船上的乘客们很可能会决定驶向一个目的地，在那里他们可以享受到未曾实现或未曾完全实现过的理想生活。他们作出这一决定的根据是，所有的人都会喜爱他们所追随的理想。这可就大错特错了。事实上，我们在特定时段的身份和文化使我们受到局限。不同类型的人会有不同种类的理想。罪犯不会有太高的正义感，尽管他们往往特别看重荣誉。另外，西方关于自由的理想对其他文明中的许多人具有不可抗拒的吸引力，不过这种理想须建立在某些形式的自我控制的基础上，而自我控制是不容易做到的。一些鲁莽而又耽于幻想的理论家让许多人认识到与自由相近的一种理想叫做“解放”，这理想诱使又破又漏的航船上那些容易激动的乘客们赞成急剧地改变航向。有的尝试已经失败了，这并不奇怪，因为正如卢梭等人所说，奴隶造反的结果不是创建一个自由的社会，而只是更换了自己的主人。自由这东西很奇怪，它**只能**是一种我们已经握在手中的东西。把自由当作理想的航标，那它就永远只是一个幻象。

民主的理想和自由具有许多相同的特点。起初它只是一个不起眼的宪法名词，但它迅速膨胀起来，甚至可能会取代自由和正义的位置。我们不难列举，民主胜过自由和正义的更简洁

① 杰里米·边沁（1748—1832），英国哲学家、经济学家、法学家。

方式：卢梭说，一个人如果不参与制定自己必须遵守的法律，他就不可能享有自由。卢梭是一个十分敏感的哲学家，他不可能从自己的主张直接转向这样的看法：唯有民主制度才是自由的制度（他认为只有神才能创立民主政体），但其他许多哲学家却转向了上述看法。民主可以通过许多方式来取代正义，然而"唯有民主政体才公正"的观点包含着一个很难让人信服的看法：在人类历史中所有的政体都不公正，只有极少数除外；虽然如此，民主还是可以通过许多方式来消化正义。

民主最明确地演示了在现代社会中政治理想如何扩展到国家的领域之外，成为现代生活中其他"组合关系"[①]（我们在本书第六章中曾提及）的价值标准。例如，"民主的**社会**"可能看起来像是一个自相矛盾的词，但却被用来表示这样的一个社会：每一个成员过着同样的生活，享有同样的资源。民主的**文化**指的是从社会上层确立的审美标准下解放出来的文化。有时人们甚至提出了**经济**的民主化，那一般是指将工厂转变成工人共同经营的合作社。甚至还有民主的风俗举止；法国历史学家亚历克西·德·托克维尔就曾用民主一词来形容美国社会，认为美国的社会习惯将替代欧洲的贵族习俗。

当代西方人的社会基本上都是公正、自由和民主的社会。这些表示社会状态的词语经过哲学家的阐释可以表述我们的基本哲学思想。但这三个名词每一个都可以经过哲学家和演说家的精心雕琢（各用不同的方式）闪闪发光地出现在我们面前，它们不再是我们已经享有的习俗和条件，却成了我们今后可能努力的新方向。它们变成社会公正、社会解放以及真正的或强

---

① 此处的"组合关系"即英文association。参见第六章注。

大的民主，指引着我们的奋斗方向。这样看来，某一种政治是靠理想来导航的。问题在于，我们很明显只能靠某一颗星导航，我们不可能朝着天上不同方位的好几颗星辰行驶。也就是说，谁若主张靠某一颗而不是另一颗星导航，他就必须证明唯有那一颗星能指引我们实现**所有**人的奋斗目标。然而因为我们这些人奋斗的目标常是相互矛盾的，所以要么让一部分人放弃他们的奋斗，要么就须放弃某些目标。因此，我们总是通过调整对相互矛盾的奋斗目标的判断来确立政治方向。在政治中理想是重要的，但现实最终必将为我们确立奋斗的方向，以及前进的速度。

第十一章

科学地研究政治

治国如同驾驶航船，这个十分诱人的观点支配着现代政治。这一譬喻引发了关于目的、政策、战略、方案等问题的讨论，这些术语都意味着有一个“我们”能决定广大而又复杂的社会的前途。政党在选举时期竞相许诺以争取选票，而经验告诉我们，如果什么问题得到了解决，所付的代价将是又引出了新的问题。毫无疑问，这就是人类社会的实际状况，但就是在这样的状况之下，我们也许还可以在有限的范围内作选择：依靠个人还是凭借群体的力量来面对我们的问题。有的人梦想用政治手段将我们从不公正的社会中解放出来，但许多人则赞同亚历山大·蒲柏[①]的相反的观点：

> 让傻瓜们去争论政体的事儿吧。
> 治理得最好的地方，就是最好。

然而，假若治国确实如同航海，我们就需要可靠的事实依据，还要懂得关于航船性能的可靠知识。众所周知，这样的知识

---

① 蒲柏(1688—1744)，英国诗人，善写讽刺诗。

只能从科学中获得。我们已经讨论了政治的历史，后来又谈及政治的实践方式。现在我们将从政治的历史和实践转向政治的科学。

我们必须看到，以科学的方法研究政治要求我们完全改变观察的角度。我们参与政治实践的时候，政治是由角色、习俗和情景编织的戏剧。政治科学则要求我们忽略由个人因素引起的差异，将政治看作一个跨越时间的**过程**，像自然现象一样。我们知道，古人曾经作过这样的尝试。他们发现政治遵循着一种跨越各个时代的周期而运动，这种观点至今仍很流行。马基雅维利有力地运用了这个观点。他说，宗教"带来好的体制，好的体制带来大量的财富，大量财富使城市公用事业获得成功、公众得到幸福"。他赞同波里比阿等古代作者的观点，认为每个政体都是由于自身固有的缺陷而崩溃。参与者的个人品格对政治运动周期的影响很小。然而马基雅维利还说，许多政治周期从未走完最后的行程，因为国家的内乱削弱了国力，使邻国乘机征服了这个国家，而邻国则处在政治周期运作的系统之外。

系统就是由各种部件按一定关系组合起来的一个整体，关于系统的观点是科学地研究政治的核心观点。我们可以用汽车的引擎来打比方：汽车抛锚了，机械师可以把它修好。我们常把经济体系看作一部机器，外力——比如政府——可以控制其产品。就好像政府是一辆汽车的主人，他想提升汽车的性能，或是改进它的传动装置。现在我们又有了一个理解政治的十分流行的比喻：不是视政治为机体，也不是航船，而是机械。政治家是工程师，是系统之外的机械师，其职责是使机器按照我们的意愿运转。我们同样必须区分什么是系统内部的问题（时下流行的术语是"内源"因素），什么是外部因素（类似表述为"外源"因素)。

上述譬喻是支撑政治科学的基础。这种研究方法的科学性在于试着将政治当作一个过程或一种机制来看待,其背后是一种技术上的野心:我们指望运用由此得出的知识来达到我们的目的。科学地研究政治的一个难题是确定内源因素和外源因素之间的分界。就是说,政治系统延伸到哪里为止,外部控制因素从哪里开始? 1958年戴高乐介入法国政治,以法兰西第五共和国的形式创立了一个全新的政体(或称系统)。那么,戴高乐是超然系统之外的一位从天而降的神仙呢,还是由法国政治传统构成的更广泛的系统内的成员呢? 答案当然是,要看这场关于认知的智力游戏的规则是什么。我们可以说,美国的开国元勋们确立了一个规则系统,他们的继承者们在系统的范围内实现政治操作。

在研究一个问题时,我们会假定自己独立于任何系统之外。但当别人研究我们的时候,他们会把我们当作一个认知系统内的成员,具有稳定的、多少可以预期的特性。谁也无法逃离由种族、性别、阶级、历史或别种抽象过程构成的主导性系统——这是当前哲学界的老生常谈,但从某种意义上说,该观点显然是正确的。然而,由种族、性别、阶级和历史组成的系统只要能告诉我们系统中的人们会如何行动,那就很有意思了。可惜它办不到,因此我们得到的是一个没有意义的决定论:谁也无法逃离——那个谁也说不清楚的东西!

政治科学的基础可以用机械师的比喻来说明。政治科学也建立在这样一套修辞语言之上:它将形象、陈规、幻象、神话(还有“修辞”本身)与事实、证据、现实等确凿、坚固且给人深刻印象的词语加以对照。在这样的基础上,政治科学使用它的材料建筑起自己的理论大厦——在今天，政治学的建筑材料是何等壮观！政治学家第一次以一座浩如烟海的资料库拥有者的身份出现在我们面前。资料（拉丁文复数data变成了一个单数集合名词）就是一组事实，可以用来建立或检验理论：全部历史可以被归纳为一种资料，政治学家用它来建立一种理论——比如革命理论。我们也可以说，现代社会就是资料慢性中毒的社会。国家公务员们搜集资料，统计人员整理资料，计算机储存资料。政治学家可能会像指挥作战的那些将军们一样，他们巨大的情报网已经获悉敌人进攻的计划和时间而他们自己却还不知道，因为与此同时其他许多情报淹没了司令部。

一张选票是一项资料，一份问卷调查答案也是一项资料，全世界范围内这种信息的数量呈指数增长。然而，如果选票和观点被抽象成选举中提供的有限选项或是问卷的答案，那么投票和发表观点就仅仅是一种资料而已。资料统计一开始就是进行均质化，最终必定会抹杀许多为适应复杂的现实情况所作的富有创造性的尝试，比如选民的积极性、问卷回答者的资格限定等。并不是说，这些复杂的现实情况根本无法被统计成数据；问题是，受访者回答问卷时不是经常能有意识地得到适当的信息。人终究不等于标出不同强弱程度的一组结论。

在政治学家看来，政治是用数据资料来加强的系统，政治研究的目的是找出数据和系统之间的因果联系。在这一研究过程中，将现代社会视作独立的“组合关系”（我们在第六章中曾论及）是一种极有价值的思索结构——但这一思维方式也许会导致政治学本身的消亡。因为假若政治中发生的事情要到经济中、社会过程中，或者甚至文化中去寻找原因，那么政治就只是一组效果，而再也不是一种独立的、自主的活动。后果之一就是,政治中发生的任何事都不值得被当作一门科学来研究。

事实上政治**的确**是自成体系的,尽管它显然与其他人类活动和人类社会结构有密切的联系。政治科学中最基本的问题是:某种政治现象的肇因是什么?例如,为什么政府有时能在选举中取胜,有时又落败呢? 我们有可能从政治本身找到部分的原因,比如,取胜的政党组织得更好。但在政治学家看来,更深刻的答案往往完全在政治之外——例如经济,它与政治显然是两码事。我们可以举出一个简单的假设:如果大选在贸易周期曲线上升时举行,当政的政府就能再次当选。如果这是事实,那就证实了"知识就是力量"这句格言。政府为了赢得竞选只须让经济繁荣的景象出现在大选临近之时。

我们显然会遇到两个难题。第一,经济不是一条驯顺的宠物,叫它干什么它就干什么。第二,事实证明,上面的假设永远不能成立。正像政治学中常见的那样,这两者间的关系颇有意味,但两者的因果联系则不明显,尽管对照关系中的两个成分——消费者和选举人——因设定为同一人而取得了一致。

还有一个进一步的问题出现在创立政治学现代形式的早些时候。20世纪初第一代学院派政治学家批评某些前辈理论家错误地假定人类行为完全是理性的。据说这一错误应归咎于这样一些政治家和理论家,他们试图用纯理性的论辩来吸引选民。新一代政治学家成功地证明,形象、成见、公众情绪、家庭背景等许多非理性因素事实上都是政治行为的主要决定因素。正如在学术争论中经常发生的那样,争论的双方都在某种程度上误解了对方——本是为了引出对政策采取更为理性的态度而设计的规范性论辩,却被新一代政治学家当作对现实的假定。

比争论双方互相误解更为严重的问题是,我们不得不假定人类行为实质上是非理性的，这就使政治科学研究大打折扣。科学将它研究的所有对象都转变为一个自然而然的过程，这过程不受人的思想影响，因为思想就是以各种方式来解释世界的能力，而人的行为则取决于对世界的这些无法预测的解释。因此，人类行为缺乏我们在自然界发现的规则性。比如说，选举若在经济上升或繁荣时期举行当政者往往能取胜，这一看法可以转换为一个因果假设：对经济繁荣感到满意的公民会投当权者的票。然而因为人会思想，人们可能会从与经济兴衰无关的其他角度来看世界，所以这一假设实际上还是靠不住。

根据心理学家的研究，人类行为中的确存在着不同形式的非理性倾向。在这一范围内，20世纪的政治学提出了大量发人深思的假设，并以有趣的方式将信息组合起来。这些信息事实上对于了解任何一国的政治都是必不可少的。然而我们刚才从行为的角度进行的讨论无法得出满意的结果，而且落后于政治学的一种新的从另一个角度入手的理论模式。“理性选择”理论关注的是理性思索，而不是情感和习惯性反应。政治家和选民经常在作出选择，我们也根据自己的好恶，结合我们对事情发展前途的估计作出抉择。这被称作“期望效益”，而且可以通过“选择意愿”的形式逻辑来研究。这类研究的一种深化形式专门考察在一场选择战略的“游戏”（容易使人误解的名词）中不同的决策者之间的关系。“理性选择”理论家提出的问题是：在什么条件下从理性的角度看应该采取与他人合作的战略（例如为公园或国防等公益事业出钱），而不是采取在当前看来显然最合理的战略（在上述假设之下），即只寻求个人利益、在别人付出成本之后“免费搭车”？

人们经常用著名的“囚徒困境”来分析这类问题——两个

被单独监禁的囚犯必须选择自己的行动策略。条件是，假若甲坦白了罪行而乙没有坦白，甲会被从轻发落，乙则会被重判。如果乙坦白了，他就会被宽待而甲会被严惩。如果两人都交待了罪行，两人都会被重判。但如果他们相互信任，都不坦白，两人都只会受到最轻的处罚。在这场博弈中，正像在生活里一样，信任别人是要冒风险的，但也可能带来最高的回报。值得注意的是，这个虚构的情节能够被归纳为一种格式，广泛地套用从国家的创立到国际关系和公众生存空间的分配等各种问题上。

这一关于选择的公理产生出大量给人深刻印象的专门文献。它说明，政治学中的这一倾向也成了经济学家的领地，因为用这种方法总结出的动因基本上都是经济因素。这一事实又解释了在读者看来也许是我们论述中显得有些矛盾的一点。我们曾说，政治科学只能将人类看作非理性的，他们只会对刺激作出反应。但在理性选择理论中我们提出的政治学公式却在探寻有理性的参与者所作的选择。那么，政治科学肯定能容纳理性吗？

问题的关键是我们所说的理性具有怎样的含义。我们在此不必详细区分古典哲学中的理性概念与另一种大相径庭的概念——抽象的经济人具有的“实用理性”。我们只须说明，当人类采取行动时，他们**既要**努力实现促使他们采取这一行动的目标，**同时还要**维护他们选定的自我形象。理性选择理论以量化和排列选择可能性的方式勉强地将人类行动的第一个目的化为了一个公式，但这一理论无法满足人类行动的第二个目的。在政治中（甚于在经济中）人类行动的第二个目的表现得尤为突出。理性选择论的批评者最激烈攻击的就是这种理论无视不同文化中人们行为方式的差异。

因此，用科学方法研究政治是本世纪一项伟大却又有局限性的成就。像其他任何认知形式一样，政治科学从其局限性中获得了力量。然而纯科学自身的局限性尤其限制了对人类生活的理解。但政治科学经常以忽略纯科学的严格规限的方式摆脱其局限性。政治科学中的许多资料都是历史性和描述性的，事实上也必须如此，因为我们应当承认，对任何现代国家政府治理进行了解绝对不能罔顾该国人民的文化习惯。

第十二章

意识形态向政治挑战

用基督教的语言来说，政治像体力劳动和分娩一样，也是人类所受的一种诅咒。机器已经在很大程度上减轻了劳动强度，分娩也不再像先前那样痛苦。但政治这个诅咒的痛苦减轻了吗？如果人人都是天使，我们就不需要政府了。不过，既然我们**必须**有某种形式的政府，我们可不可以找到更好的选择，而不是历史向我们展示的那些充斥着战争、贫困和暴力的国家？这种希望的呼声常会在处于政治边缘的穷人中爆发，有时还能达到政治的中心。这呼吁肯定来自基督教关于太平盛世的理想，它产生了爆炸性的后果。

例如，再洗礼派教徒们相信必须立即建立一个天堂般美好的新秩序，1534年他们占领了德国城市明斯特，组建了一个他们认为最完美的社会。这个社会与现代的极权国家极为相似。1642年后的英国内战中显然有一种宗教专制主义倾向。一个牧师以典型的语气写道："政府的产生，地球上的一切都与天上相似相仿，这都是上帝的设计。"

根源于哲学的一种强大的传统也很注重建立一个完美社会的设想。许多人醉心于柏拉图的描述：哲学家从多数人居住的阴暗洞穴里逃出，终于看见了现实。真正的王只能是哲学家，因为只有哲学家能获得治理一个真正的人类族群所必需的知识。许久以后,18世纪的**启蒙思想家们**认为他们掌握的理性构成了在世界上实现正义所需要的知识。然而,他们中的许多人却无法区分实现正义的过程和打破**旧秩序**的过程。正是这些人,他们抛弃了憎恶专制主义的西方传统,因为他们看到,建立新秩序不仅需要知识,而且需要不受限制的权力。欧洲国家在很大程度上受到宪政和法治的约束,因此永远不能成为完美的国家。

弗朗西斯·培根为上述观念的生长培植了现代土壤。他认为,人生的目的就是为改进人类生活状况而积累有用的知识。到了18世纪末科技已经具有极大的改造自然的力量,激进的思想家开始设想如何运用同样的力量来改造社会。1789年法国首先进行了这种试验。这次试验以流血和暴政告终,这样的结局使思想家们又回到设计未来蓝图的书桌旁。

许多思潮助长了一种类似于寻求魔法的雄心。有人提出,上帝是在渐进地启示人类;泛神论者认为上帝就是**宇宙本身**,而不是宇宙之外的一个创造者——这些观点都进入了哲学。在苏格兰,亚当·斯密、亚当·弗格森等多位思想家把人类历史看作是一个进化的过程:人类从游牧民族进化到畜牧社会,再进入农业社会,最后发展到现代商业社会。每一步都朝着更高的文明阶段前进,由亚当·斯密所称的"无形的手"指引。在德国,黑格尔阐释了这些思想以及其他许多观点,产生了很大影响。黑格尔告诉人们,不可知论者认为历史只是在人类蠢行的碰撞中颠簸起伏的运动,实际上历史表现出理性的模式。黑格尔认为历史是不断进步的;现代社会的民众充分享受到前人社会中仅有可能却尚未实现的体验。

黑格尔的哲学艰深庞杂，但它向一群青年追随者们表达了启示录般的思想。黑格尔的青年信徒们认为他解答了或至少接近解答了人类存在之谜。这群信徒中最著名的是卡尔·马克思。马克思将黑格尔哲学与欧洲早期工业社会萌芽中的社会主义思想融为一体。马克思发现，私有制导致了人的堕落，它显然产生于原始共产主义的游牧阶段之后。人类的前途在于以现代发达科技的形式重建古代公有制田园，历史必须经受苦难才能实现这一理想。

正是马克思对现代社会本质的描述使他具有如此重大的影响。黑格尔曾说，在经历了历史上的奴役和压迫之后，现代欧洲终于实现了人人都获得自由的文明社会。马克思则对他的追随者们说，这种形式上的自由其实是一种前所未有的最隐蔽的压迫。马克思和恩格斯在1848年发表的《共产党宣言》中说，现代人几乎成了受资本的神秘力量随意摆布的木偶；这一力量诱使人们按照资本主义生产方式的隐秘逻辑去经商、迁徙、工作，甚至思考。社会主义思潮由来已久，但马克思宣称，是他第一次提出了**科学**社会主义——这是关于人类状况的思想，在历史必然的浪潮中颠簸数千年之后，这一思想终于使人类能够掌握国家航船的舵柄，引导航船驶往目的地。实现这一理想只须掌握科学社会主义思想的人们在一场被称作革命的过程中夺取驾驶台的控制权。

这种思想如此巧妙地将源远流长的宗教和哲学主题通俗地表达出来，因而不断地吸引着后世的人们。马克思的思想把一个简单动人的剧本与一整套观念融合在一起，前者能够吸引它意欲动员的对象——头脑单纯的无产阶级，后者能够吸引知识修养更高的追随者。黑格尔倾向于认为，历史在某种意义上已经走向了终结；马克思接过这一观点，却将它导向了未来，使它成为一个奋斗目标。和黑格尔不同的是，马克思将国家抛进了后来的马克思主义者所说的“历史垃圾堆”。的确，至今构成人类文明的许多东西在新的时代里都将消失，比如道德，比如法律。哲学本身——这门拐弯抹角地与纷繁的抽象观念搏斗的学科，可以上溯到泰勒斯[1]以及苏格拉底之前的希腊哲学家们——将会消亡，取而代之的是对人类现实直接的、不经过中介的意识，这种意识是所有人都能掌握的。马克思在一篇著名的文章里说：“哲学家只是解释了世界；重要的是改造世界。”

马克思主义的重要性不仅在于它的历史意义，还在于它为后来的许多类似的启示确立了一种模式。一团乱麻似的人生忽然在眼前显得井井有条了——马克思主义的信奉者们体验到这种顿悟时的快乐。因此，马克思主义与政治著作很不一样。我们也许是激烈的自由派或是保守派，可能会支持国会或是支持国王，赞成或是反对扩大公民权，却不会想像我们的政治热情构成了一种人生的启示。的确，在基督教信仰衰退的时代，马克思主义是一整套经济实惠的替代品，它为信徒们同时提供了政治、宗教和道德三方面的准则。正缘于此，马克思主义不是一种政治学说，虽然它提出的要求若被人们接受，它的意义将会重大得多。政治学说是要说理的，各种学说要相互争辩。马克思主义只能宣布什么是真理。在马克思看来，政治只是更深层的过程所泛起的泡沫。因此，我们需要认识马克思主义及类似的启示思想与遵循截然不同逻辑的政治学说之间的区别。我们可以把这些许诺人类解放的政治学说称作意识形态。下面我们就来

① 古希腊哲学家，生活在公元前7至6世纪。

解说一下意识形态这个奇怪的名词。

这个词是刚从大革命的恐怖中幸免于难的法国哲学家德斯蒂·德·特拉西于1797年发明的。特拉西其时正在从事那一时期法国哲学界一项最重要的工作：用经验来检验观念，舍弃被证明为不合格的那一部分，以达到清理知识的目的。他本可以把这一门新科学称作心理学，但又觉得这个词的起源（希腊文*psyche*，意为“灵魂”）也许带有过浓的精神色彩。于是特拉西发明了“意识形态”（ideology），这个词就流行开了。拥护这门学说的人们不久就被称作“意识学派”（ideologues）。在大革命的混乱时期这些自由派共和主义者开始支持一个青云直上的年轻军官，名叫拿破仑。拿破仑很快就抛弃了他们，轻蔑地把他们称作在政治中成事不足败事有余的“空想家”[①]。德斯蒂·德·特拉西继续研究他关于知识的理论，到1815年撰写出一部四卷本著作，但此时“意识形态”只是作为一个偶尔使用的词汇留存下来，成了对不切实际的知识分子的贬称。

1846年马克思和恩格斯合著了一部巨著《德意志意识形态》，其中抨击了他们先前在青年黑格尔派中的同志。马克思和恩格斯相信自己掌握了社会演进的规律，他们需要用一个词语来描述那些无法摆脱所处社会环境影响的人们（尤其是资产阶级）的错误观念。他们找到了“意识形态”这个词。这部著作直到1926年才发表，但“意识形态”却有了新的含义。我们清楚地看到，意识形态含有两个互相对立的内含：真理和谬误。意识形态（在意识学派本身看来）是揭示真理的哲学；同时，（在马克思看来）它又是必须被清除的谬误。然而，当你意识到你自己的正确

① 此处原文为ideologues，是意识学派的转义。

观点正好证实了那些错误观点的谬误之时,意识形态自相矛盾的问题就解决了。意识形态似乎可以指称一个教义信念的正反两个极端。马克思主义者能够正确地理解世界,因此与之相悖的任何观念必是错误的——也必是意识形态的。也就是说,它是错误的,而且错误的**原因**是它不正确地反映了社会。我们可能用同样的矛盾说法来评价无政府主义者以及极端女权主义者的真理观。只要你懂得了这种共生现象,就可以放心地使用意识形态这个词——它既**可以**用来指真理,**还可以**用来指凭借对这一真理的信仰来判定的其他所有错误的信仰。这样,意识形态就完成了有关真理和谬误的所有探索,只要你像马克思和他的信徒们一样自认为已经掌握了真理。

我们还要把意识形态这个词语的历史往前追溯一段。首先是与马克思主义自身有关的一段经历。马克思主义认为,意识是物质状况的反映,所以资产阶级的错误观念反映了资产阶级的物质状况,是“资产阶级意识形态”。然而,既然所有观念都是社会的产物,那么,共产主义观念又是来自何处呢?答案是它来自无产阶级的经历,而无产阶级注定会使揭示真理的共产主义得以产生。按照这样的说法,马克思主义是上升的无产阶级的意识形态——由社会处境决定的观念,它同时也是真理。这就是列宁的观点,他是他所生活的时代最著名的马克思主义者。

19世纪末政治学作为一门学科的发展,特别是在美国的发展,导致了意识形态这个词的第二次嬗变。供研究的材料中有五花八门的理论,它们来自那些用不同风格和语言讨论过政治的学者。“理论”“学说”等词汇都缺乏一门新学科所需要的那种新术语的神采,于是“意识形态”就被用来统称所有这些观念,包括政治观点以及我们谈及的这种特殊的智力创造。“意识形态”是个舶来品，听起来很响亮。它将衍生出许多辟出章节讨论各种“主义”的著作，而政治论争的话题正是这些主义。

可见，“意识形态”这个词的来历很不寻常，它包含了真理、谬误和政治等多种含义。既然界定“意识形态”的多种不同含义已经发展成一门学问，我们满可以让术语家来研究这个字眼。然而这个词与历史有割不断的联系，这说明它依然有其用处。与政治学说不同的是，意识形态宣称自己是唯一的真理。意识形态不仅描述世界是什么模样，还要批评反对者所持的错误信念。意识形态家掌握了人类长期以来一直在探求的真理，凭借它可以废除政治，建立一个完美的社会。马克思本人在1846年发表的《关于费尔巴哈的提纲》中说过，理论问题能够在实践中得到解答。根据这个标准，马克思主义的逻辑特征也和其他意识形态一样，体现在信仰者掌权后的行动之中。他们无一例外地建立起一种真理的统治，讨论不复存在。中小学、大学、传播媒介、法庭，无论在哪里，只教那种意识形态。这一特点是普遍的事实，不受文化因素的影响。在西班牙语美洲的古巴，在许多非洲国家，尤其是在解体前的苏联，都实行着完全一样的政策，因为它直接来自意识形态本身。

意识形态很容易与政治学说相混淆，因为怎样判断它们总是在很大程度上取决于听众状态和当时的情景(像在所有的演说中一样)。自由民主制国家里的共产主义者和其他意识形态信奉者们必须将他们的信仰描绘成**似乎**只是供选择的政策，还须用普遍接受的、具有说服力的论据来支持它，因为意识形态的教义只是在信徒的圈子里讲得通，出了这个圈子就显得很荒诞了。另外，**任何**政治学说的拥戴者都可能会相信只须凭借学说的准则就可以拯救世界，这样的热情会对学说本身产生影响。自由论者如果认为，政府干预个人与个人之间的自然契约关系是引起一切政治问题的唯一原因，那么，他们就从修辞逻辑转向了意识形态逻辑。“民主”有时会成为一些人最响亮的口号，因为他们相信，只要我们实现了（现在还没有）**真正**的民主，一切政治问题就迎刃而解了。我们可以说，意识形态建立在这样一种幻想之上：有可能设计出一种社会结构，使理性的参与者们能够创建出一个幸福的世界。

意识形态一般具有一种三部曲式理论结构。第一部是证明往昔的历史是某一抽象阶级成员的**压迫**史。意识形态关注的是作为一个阶级的工人们，而不是（像政治家那样）关注某一具体时间和具体地点的工人们。同样，它关注的是作为一个整体的妇女们，或是作为一个整体的某个种族。各种具体的不满都被归结到由社会结构所决定的这种压迫的症状之中。因此当前的任务是动员被压迫的阶级起来与压迫制度**斗争**。这种斗争并不局限在传统的政治领域之内。它会到处蔓延，甚至侵入人们隐秘的心灵世界。斗争的目的是建立一个完全公正的社会，这一过程通常被称作**解放**。总之，意识形态是压迫、斗争、解放这三重主旋律的不同变奏曲。

政治则与意识形态不同。政治立足于这样的假定：任何国家里都存在许多种生活方式，灵活的政治体制必须使其公民都能按照自己的意愿生活。这种做法的一个含义就是，生活的大部分内容并**不**关乎政治，正如同踢足球的大部分内容不是与裁判争辩。“**一切**都是政治”的说法准确无误地标志着用人治取代法治的意识形态图谋。政治的另一个较深层的含义是，社会必定是不完美的，因为如果社会允许其成员在道德上负起责任，那么其中一定会有某些不负责任的成员。

意识形态以这样的名义向政治挑战：它要实现满足人类所有愿望的理想。但是它首先将问题简单化了——几乎完全不考虑如何满足通常被称作“基本需要”的那些极为有限、无可非议的欲望。“公社”这个词通常指一种单纯的生活方式：人们都充当一个单一的基本角色，例如同志、姐妹、享乐主义者，或者就是一个普通人。近两个世纪以来，传统的意识形态信奉者都在做着革命的春秋大梦。他们对政治活动的唯一概念是实现伟大的革命理想。任何飞蛾扑火的热情都比不过革命家们。各种革命最后都像吸毒者所说的是“一场糟糕的经历”，但滋生革命的美梦还远没有做完。下面我们来讨论革命的梦想如何与更深刻的当代思潮混在了一起。

第十三章

政治会在21世纪消亡吗

马基雅维利在《李维史论》中讲了这么一个故事：一个罗马富人在饥馑流行时把食物施舍给即将饿死的穷人，罗马人因此判了这个富人死刑。罗马人的理由是，那个富人在收买人心，他想成为一个独揽大权的僭主。这种想法反映了道德与政治之间的矛盾，说明罗马人更关心的是自由，而不是社会福利。这清楚地证明，我们评判行动的方式依据的是我们对政治的看法。朱尼厄斯·布鲁图斯把罗马从塔尔坎的专制统治下解放出来，[①]后来布鲁图斯又处死了自己的亲生儿子，因为后者图谋推翻新政权。这是否表明，政治是一个肮脏的领域，或是表明只有具备人类最英勇品格的人才能从政呢？这些罗马人显然不会赞同现代人这样的观点：政治只是一种服务行业，它使人们能够顺利地参与平常生活的游戏；或者说，统治者必须创造一个完全公正的社会。

现代政治家和公务员用食品救济饥饿与贫困的社会成员，以此增加自己的影响。他们不会因此而被处死。这是否意味着我们**并不**关心自己的自由权呢？我不这么认为。但我们与罗马

① 参见本书第三章。

人之间的巨大差别的确使我们面临一些尖锐的问题。这些问题关系到政治本身的未来发展，而对未来的展望又是政治思想中的一个主要部分。在政治中没有任何其他的交接之处比现在与未来的结合点更重要了。根据这样的思路，我们来探讨一下道德和政治的关系问题。可以这样来提问：慈善事业、施舍行为、利他主义、救助穷人，这些或许都是在道德上值得称许的行为。那么，这些行为的政治意义是什么呢？

政治是在特定的历史条件下产生的，很可能同样会在特定的历史条件下消亡。考虑到这一点，我们的问题就更难回答了。政治之所以会消亡，是因为更新更好的东西会取而代之；或者非常古老和具有活力的东西会以新的面目出现。然而如果政治活动注定要消亡，国家这个体制也会消亡。两者休戚相关。前文曾谈及，意识形态信奉者反对国家这种体制而主张建立一个完全公正的社会。这里的关键词是"社会"，一部分原因是"社会"的特征是模糊的，因而用起来很方便；另一部分原因是社会可以指一种**单**一的生活制度，而国家则不能。这种单一的制度将用道德判断来取代政治，它是这样一种让人好奇的完美社会：其中没有犯罪，没有贪婪，没有贫穷，因为人们都已经被完美地社会化了。既然这是一个道德完美无须改进的社会，那我们既可以说它是道德的胜利，也可以说它是道德的消亡。这是我们探讨的这个悖论的一种表现形式。

我们可以把这种很有影响的设想称作"政治道德主义"，在好几个领域里它都可能适用。例如，政治道德主义就可能适用于这样的构想：用正在出现的国际道德新秩序取代民族主权国家。国际主义有时以寻求支持的纲领的面目出现；更多的时候它被说成是事物发展的必然（也是理想的）趋势。

国际主义能回应的头一个难题就是战争问题。前文说过，人们曾把王朝视作战争的根源，而建立共和国则能消除战争。现在的新说法是，战争的起因是坏的体制——民族主权国家被视作战争的根源，国际政府能解决战争的难题。坏的体制导致社会弊病，这种理论假定人是可塑的生物，他们反映了自己所处体制的特征。也就是说，所谓的“人性”是微不足道的，或者根本就不存在。如果人类能够这样被塑造，那么，我们似乎不仅可以解决战争问题，而且可以解决更基本的难题——正义。按照这样的思路，有的国际主义者居然主张将现代世界所能取得的物质利益和道德利益（即权利）公正地分配给全世界所有的民族。根据这一思想，用道德取代政治就意味着取消政治的两大支柱：一个是注重自身利益的个人；一个是民族国家，它只是代表集体私利的组织，这种私利有时也被称作民族主义。这样看来，道德只能是无私奉献而不包含别的内容，而政治则是一种肮脏交易。

这样的理论设想需要说明为什么从始祖亚当到如今，人类一直未能在人类状况这一重大改进上取得多大进展。当代的政治道德主义则借助意识形态得到了答案。实现正义的障碍一直是维护自身利益的精英统治阶层（据说是这样），他们永远控制着国家的权力。早期的理论是把富人和穷人、资产阶级和无产阶级、帝国主义者和殖民地人民都对立起来。后来的说法则注重剥削与被剥削的关系：白人压迫黑人，男人压迫妇女，等等。尽管这些说法带有戏剧化的夸张成分，但它的确符合从梭伦时代到现在所有政治活动的一个核心特征。

这个特征就是，政治一直是权势者的行当：（城邦）公民、贵族、产业主、家族首领——他们都有权力和地位。国家观念的精髓是，不管采取什么形式，国家都应当是由可以**独立**处置自己所占有资源的人们所组成的联合体。数百年来，这个精英阶层享有的权利逐步扩大为现代公民普遍拥有的权利，但这权利最初是作为少数权势者享有的特权才变得可以操作。正因为国家是由各种具有主人意识的角色所组成，这国家才不致沦为专制主义制度。那些有权势的个人各怀心事，他们决不愿充当工具去实现别的什么人的目标。这正是专制主义与政治状态的区别所在，而国家之间的区别也取决于个人是否有权处置他的（后来还要加上她的）私有财产。

然而政治道德主义不把公民的独立性看作自由的保障，却看作是教化世界的障碍。独立的个人按照自己的意愿处置自己的私产，这被当作自私自利，还被视作贫穷的根源。人们认为一个公正的社会应当能够合理分配现代社会生产出来的如此丰富的产品。但如果宪法将国家的权力限制在法治范围之内，国家就没有足够的能力承担这样的繁重任务：合理分配财富并随之纠正充当不公产生之基础的公众态度。然而，被称作"国家"的这种政治实体如果改变自己的性质就可以承担这项艰巨的任务。中央政府处置经济发展所创造财富的权力每增加一点，都会带来国家性质事实上的改变趋向。

因此，现代政治就产生出一个引人注目的两难局面。要想实现人类生活的道德教化就必须按照某种社会正义观念来改造世界。然而如果要改变往昔的不平等状况唯有一条途径：建立一种专制体制——而这种体制自古以来就和西方文明的自由、独立传统格格不入。其目标是实现公正，而代价却是失去自由。

像生活中其他事物一样，政治也要作出困难的选择。面临困难的选择,最佳方案是回避选择。玩弄词义的把戏就是一种有用的策略。为了使其奏效,人们给“政治”赋予了新的含义。如果我们不了解这种新含义,就常会对现代社会迷惑不解。这新含义的实质就是,“政治” 可以用来统称生活的所有细枝末节。这种词义变化往往在不知不觉中出现。让我随便举一个例子。一位摄影师将某个自杀未遂者割腕留下的疤痕拍摄放大并发表出来,报纸上的评论是:作品“展现了心灵袒露、形式美感、政治态度三者之间的微妙平衡”。一部电视肥皂剧中表现了打孩子、同性恋、绑架等社会问题,制片人说:“我有意识地将政治还原到荧屏上。”于是,政治离开了立法机构、政府部门、竞选讲坛等熟悉的场所,却跑到大街上漫游,甚至侵入到厨房和卧室等最遥远隐秘的角落。“政治”作为一个整体变成了一个与“价值”等同的名词。

让我们严格地区分一下政治的两种不同含义。现代社会的政治一般是指与国家这种公民群体的事务有关的活动,它提供了一个形式的框架,使人们能在其中生产、消费、彼此交往、信教或不信教以及用艺术表现自己。政治被严格地局限在它自身的范围内,其范围就是为使这复杂的文明顺利运作所必须作出的规限。

然而,新型意义上的政治则没有任何规限:有人割腕自杀,孩子在挨打,同性恋者受歧视,在这样的时候都应当采取**政治**行动。这种行动要求人们改变态度,从而最终建立社会和谐。根据政治学中的著名公式,政治就成了“对价值进行权威性分配”。也就是说,社会的职责是教导我们应当赞扬什么,反对什么。

政治含义的这一转变所涉及的范围之广,产生影响之深,是很难估量的。这个转变是怎样实现的？有何种动因？广义的答案是，公众的认识发生了变化，他们不仅将自立贬低为自私，而且把不能自立的穷人所遭受的痛苦看作是对社会制度的控诉。在现代社会的初期，国家通过颁布济贫法[①]要求各教区负责照顾穷人。但除了在社会出现动乱征兆的时期之外，穷人在政治上一直没有什么重要影响，直到后来的年代才发生了变化。到了19世纪，随着选举权的普及，政治领导人对福利的重视不下于他们先前对战争的重视了。外国的仇敌和本国的穷人都具有政治上的重要性，因为他们能为政府和管理部门行使巨大的权力提供理由。的确，穷人在政治上变得如此重要，以至于简直不应当让这个阶层消失掉。随着平均收入的提高，穷人的概念被重新定义，这样不仅可以保留住穷人阶层，而且实际上增加了穷人的数量。与此同时，现代社会中据说是受到压迫的那些新的阶级也开始以贫穷为杠杆从再分配中捞到好处。

20世纪的国家就这样发现了“依靠”的重要性，而先前在我们的道德领域里依靠只占有很小一块地盘。美德中的慈善换上政治面目而膨胀起来，并且取代了政治。这一过程的重要性表现在许多方面。其一是，“依靠”是一个特别有意思的概念，因为它揭示了宗教思想的走向。基督教的要旨是我们都是完全需要依靠上帝的生灵。19世纪的无神论者认为上帝只是人类自我安慰的一种幻想，但同时又坚持认为人类是具有依赖性的生物。然而这里人们依靠的不是上帝而是社会。例如，用马克思主义的术语来说，资产阶级个人主义者——和那些以为是自己创造

① 济贫法最早出现在16世纪英国，当时称为《伊丽莎白济贫法》。

了自己因而深受幻象之苦的人一样——就像基督教中犯了傲慢罪的人们一样:他们把自己而不是上帝(或社会)放在了宇宙的中心。按照这种新的宗教思潮,注重个人利益是一种罪恶,因为它宣称个人能独立于社会。最理想的是,我们都毫不利己地向社会作贡献,而只从社会得到保健、教育等社会平均分配给每个人的福利。

政治如此无法摆脱地与我们的人性联系在一起,以至于国家层面一发生变化,就会对宗教、文化、道德,还有其他方面都产生影响。即便这转变缓慢得让人觉察不到,它的影响也不会减轻。像往常一样,社会对当前道德的推崇掩盖了变化的发生。但我们仍能通过区分政治的**实质**和**形式**来分析政治道德主义的某些方面。我们可以从政治道德主义反复灌输的具体道德态度来确定其实质:例如,为了解除人们的苦难就需要专家来领导我们,这些专家又要求我们更多地采取舍己为人的生活态度。

政治的**形式**是理论的,而非实践的;是抽象的,而非具体的。从法国大革命以来,谈论政治的时候人们一般都是讨论政治学说和意识形态,而不是讨论地方上出现的具体问题对国家法制体系提出了什么要求。即使在政治尚未完全被意识形态所取代的地方,如自由民主的西方,人们还是经常把政治纳入到关于如何实现未来美好蓝图的无休止的议论之中。例如,托马斯·潘恩认为人的权利为立法者提供了建立更美好社会的指导理论,但他并不认为他那一代人有权约束后人的行为。当我们在理论上更为自信的时候,政治家们相信自己正在从事的工作是要一劳永逸地创建一个更为公正的社会。一旦建成,就可以万世不变了。

这样一个社会的建筑材料必须是人心。它的基础是人们靠正确态度的指引自觉地行动。这里我们又看到现代政治转变的一个特征，其本质清晰地体现在极权主义这一拙劣的版本之中。极权国家的领导人讨好和哄骗民众,说他们是一切社会进步的源泉，然而这些领导人实际上根本不把民众放在眼里,他们杀戮人民,将意识形态的沉重精神负担强加在人民头上——这些都不会被遗忘。现代民主国家也出现了类似情况。掌权者是公民选举的,他们却把公民们当作傻瓜来对待。事实让人感到滑稽:统治者毫无顾忌地愚弄选民,而这些选民却握有选举这些统治者的权威资格。民主的理论和实践之间开始出现明显的矛盾。

这一看法已经被事实所证明。例如,法国政府发起了一场运动,号召法国人民更礼貌地对待外国人。美国的一个卫生局局长教导美国人民应当吃什么,喝什么。所有国家的政府都独揽制定教育方针的大权,理由是家长们,或者至少是许多家长们都不懂得孩子们应当接受怎样的教育。许多国家的立法甚至对诸如国民可以讲什么笑话都作了规定。德国政府立法强迫国民必须相信对犹太人进行大屠杀的历史。英国政府则向公民提供安全性行为的辅导材料。

我们可以通过现代政治中出现的这些特点来了解穷人和不能自立者在政治上的重要性。他们是政府积聚权力的工具,政府用这权力统治所有的人,包括不能自立的人和能够自立的人。政治道德主义的一个行之有效的假设是,每个人都是不能自立而又愚蠢的。如果完美的社会不允许出现任何差错的话,这个假设就是最保险的了。道德和文雅是完美社会很不牢靠的支柱,因为人的行为方式经常是不道德、不文明的。然而新型政治不仅包括人的行为，人们的性格也是必须改变的一个方面，尤其是那些被看作压迫阶层的群体。男人不得再表现自己的“男子汉派头”，老板们不要那么“刻薄”，异性恋者必须放弃在恋爱观和家庭观方面的“特权”，白人必须更体贴黑人，等等。根据所有西方国家医疗卫生当局的要求，人们不得长得过于肥胖，不得损害自己的健康，不得酗酒成瘾。

总而言之，对于传统意义上的“政治”来说，它的形式越被理论化，政治问题就越容易被重新解释成管理上的问题。制定尽量不带压迫意味的法律条文，使不同的有时甚至是对立的群体能和平共处，这种做法已经被另一种倾向所取代：控制和调整各个群体互相之间的看法和态度，指望这样能最终带来和谐。换言之，在这种新型社会里，人类成了可以由最新的道德观念塑造的材料。

过去的回音总能给我们以启迪。古罗马人总喜欢问：Cui bono——谁得到了好处？在一个奉行平等主义的世界里，每个人都是平等的，或许只有掌控这种平等的人除外。当然，在可以预见的将来，有些人的工作将是无止境的，但却并非徒劳无益的——他们的职责是为人间游戏制定出越来越详细的规则，他们要裁决人们的纠纷，向无知的人们传授公正的社会要求公民掌握的思想。那时政治将会消亡，但一切都会变成政治。

在本导论行将结束之时，我列举了一种政治理论作为例证。这理论可能会引起争议，甚至可能引起一点愤慨。如果真的产生了这种效果，那就成功地显示了我们所研究的政治这个多面体的又一个方面。再见。

索引

（条目后的数字为原文页码）

A

B

C

D

E

F

G

H

N

O

P

R

S

T

U

V

W

Kenneth Minogue

POLITICS

A Very Short Introduction

Contents

Foreword

'In our time', Thomas Mann remarked, 'the destiny of man presents its meaning in political terms.' This is certainly true for a lot of bores in universities who believe that one cannot enjoy a poem or conduct a love affair without at the same time making a political statement. At a common-sense level, this view is no less foolish than the sub-Freudian opinion that everything we do is a sexual revelation. As Yeats responded to Mann:

> How can I, that girl standing there
> My attention fix
> On Roman or on Russian
> Or on Spanish politics?

Common sense is the point. In politics things are real, and propositions are (more or less) true or false. People bleed and die. Politics, with difficulty, sustains the common world in which we may talk to each other, and philosophers who dissolve experience into perspectives, horizons, sensa, values, dominations, cultures, and the rest will destroy that common world. Politics is the activity by which the framework of human life is sustained; it is not life itself. The sceptical philosopher, the moral relativist, the rancorous academic social critic, the religious visionary, and the artistic seer have their place in our civilization, but their intrusion into politics has not been happy, especially during the last two centuries. Experience shows that politics, for all its capacity to order many ways of life, needs to keep its distance from these adventures. Yet the activity of politics is human life at a stretch, full of heroism and duplicity. To understand it is to know how varied it can be, at this time and that place.

This introduction seeks in a short compass to place politics in both a disciplinary and a historical context. It attempts to bring both the theory and the practice of the activity into a common focus, and along the way to slough off an error or two. But the author fully realizes that one man's error is likely to be another's enthusiastic commitment.

K.M.

September 1994

Chapter 1

Why Despots Don't Belong in Politics

The story is told of how Harun Al Raschid, the caliph of Baghdad, would disguise himself as a beggar in order to discover what his subjects were thinking. Surrounded by the flatterers who cluster round absolute power, he could discover the truth of things only in devious ways. Harun was the caliph reputed to have condemned Scheherazade to death, who so charmed him with her stories from evening to evening for a thousand nights that he delayed her execution and eventually married her. This story is a famous image of despotism, a system of order created by conquest, resting on fear, and issuing in caprice.

In a despotic system of government, the ultimate principle of order issues from the inclinations of the despot himself. Yet despotism is not a system in which justice is entirely meaningless: it has generally prevailed in highly traditional societies where custom is king and the prevailing terms of justice are accepted as part of the natural order of things. Each person fits into a divinely recognized scheme. Dynasties rise and fall according to what the Chinese used to call 'the mandate of heaven', but life for the peasant changes little. Everything depends on the wisdom of the ruler. In the eleventh century BC the Israelites, having trouble with the Philistines, went to the prophet Samuel who ruled them and asked to have a king who would both judge them and lead them in battle. Samuel warned against this move, advising that such a king would seize their property and enslave their energies. But they insisted that they wanted to be like other nations, and a king they must have. 'King' in this Middle Eastern context meant a ruler who would deal despotically with them, a governor quite different from the constitutional rulers of Europe. As it happened, the Israelites were fortunate to have in Saul, David, and Solomon a line of notable rulers who gave Israel a short taste of order, and even some international glory. Solomon's solution to the problem of two women both claiming the same baby is but the most famous example of his legendary wisdom. But even these monarchs proved oppressive, and in the end the burden of paying for Solomon's grand schemes split Israel apart.

'Despotism' is a catch-all category containing large variations. In one form or another, non-European civilizations have almost invariably been ruled despotically. The Western imagination, however, has generally been repelled by despots – cruel pharaohs, deranged Roman emperors like Caligula and Nero, exotic and remote emperors in India or China. In Europe, the desire for despotic power must disguise itself. Europeans have sometimes been beguiled by a despotism that comes concealed in the seductive form of an ideal – as it did in the cases of Hitler. This fact may remind us that the possibility of despotism is remote neither in space nor in time. Many countries are still ruled in this manner, and it can threaten pain or death at any moment; it is like living in a madhouse.

Today we define despotism (along with dictatorship and totalitarianism) as a form of government. This would have horrified the classical Greeks, whose very identity (and sense of superiority to other peoples) was based on distinguishing themselves from the despotism endured by their eastern neighbours. What this contrast reveals is that politics is so central to our civilization that its meaning changes with every change of culture and circumstance. For this reason, our first move in trying to understand politics must be to free ourselves from the unreflective beliefs of the present. One aim of this book is to explain how it came about that what used to be a limited activity conducted by the élites of some Western countries is now thought to be the inescapable preoccupation of mankind.

We need to look first at the value the classical Greeks attached to politics. What the Greeks knew above all was that they were not orientals. They often admired the magnificent cultures of eastern empires such as Egypt or Persia, but usually disdained the way in which they were ruled. They called this foreign system 'despotism' because it seemed no different from the relation between a master and his slaves. As warriors, the Greeks despised the practice by which subjects coming into the presence of an oriental ruler prostrated themselves: they found this an intolerable form of inequality between citizens and their rulers. Over two thousand years later, we inherit precisely the same reflex rejection of prostration, partly because the language of prostration has become the image by which Christianity recognizes the distance between the human and the divine. When we discuss these matters, we often use the Latin term 'domination'. The Greek *despotes* and the Roman *dominus* both signify the specific form of power exercised by the master of slaves. The modern use of 'dictatorship' and the twentieth-century coinage of 'totalitarianism' are among the many recent signs of the undiminished centrality of this idea in our self-understanding.

The essence of despotism is that there is no appeal, either in practice or in law, against the unchecked power of the master. The sole object of the subjects must be to please. There is no parliament, no opposition, no free press, no independent judiciary, no private property protected by law from the rapacity of power, in a word, no public voice except that of the despot. Such powerlessness is, oddly enough, the reason why despotisms are notable generators of spiritual enlightenment. A reaction sets in against a world governed by the caprice of power, and thoughtful subjects take up mysticism, Stoicism, and other forms of withdrawal. The essence of life is then found in a spiritual realm beyond that of the senses, and social and political life is devalued as illusion. The result is usually scientific and technological stagnation except in the short term.

Despotism flows so naturally from the military conquest in which most societies originate that creating a civil or political order must be recognized as a remarkable achievement. Europeans have managed it on three notable occasions, and on two of them the achievement collapsed. The first was in the city-states of classical Greece, which sank into despotism after the death of Alexander the Great. The second was among the Romans, whose very success created an empire so heterogeneous that only a despotic power could prevent it from falling apart. The first of these experiences generated Stoicism and other philosophies of withdrawal from the world, and the second was the seed-bed of Christianity. From Christianity and the barbarian kingdoms of the west emerged the medieval version of politics from which in turn evolved the politics of our modern world. Since we live within this experience, we can only catch it on the wing, as it were, and we do not yet know what its final destiny will be.

We do know, however, that the rejection of despotism on which the Western tradition has largely rested is now ambivalent. Many in recent centuries have dreamed of using the irresistible power only found in despotism for removing the evident imperfections of our world. The project of despotism in Europe, even of a philosophical or enlightened kind, would fail unless its real character were concealed. Since politics is in part a theatre of illusion, new names and concepts are easy to invent, and in the twentieth century totalitarian versions of the dream of despotism constructed a vast political laboratory in which different versions of the project of creating a perfect society were put to the test. That they failed is currently recognized by all; it is less widely recognized that such immense convulsions must correspond to profound tendencies in our civilization. To understand politics must therefore include studying the signs which might tell us what is going on beneath the surface of this and other fault-lines in our civilization.

One widely recognized clue is the current state of the distinction between private life and the public world. The private world is that of the family, and of individual conscience as each individual makes his or her own choice of beliefs and interests. Such a private life would not be possible without the overarching public world of the state, which sustains a structure of law appropriate to a self-determining association. Politics only survives so long as this overarching structure of public law recognizes its own limits. As Pericles put it in his famous funeral oration for Athenians killed in the first year of the Peloponnesian War: 'We are free and tolerant in our private lives; but in public affairs we keep to the law.' The actual boundary, both in law and in people's attitudes, between what is public and what is private is, of course, constantly changing. Homosexuality and religion, which used to be publicly regulated, are now largely private, while rape within marriage and abuse of children are increasingly subject to law. It is the fact of recognizing such a division which distinguishes politics – we may loosely identify it with freedom and democracy – from despotism.

In the classic despotisms everything in society was the private property of the despot, but in the modern world this basic distinction has been steadily eroded from the other side: ever larger areas of private life have come to be publicly regulated. If everything controversial is called 'political', and if (as a popular slogan has it) the personal is the political, then nothing is left outside the scope of control by government. This argument has not been universally accepted, but it has been the basic premiss of twentieth-century totalitarianism, and its effect is clearly to lock the individual within a single system of control, destroying the inheritance of distinct and independent roles (economic, religious, cultural, social, and legal) which modern states have until recently enjoyed.

Slogans such as 'the personal is the political' are proposals for action disguised as truths about the world. The meaning of such slogans is often obscure, but they contain sleeping implications which may awaken in new circumstances and demand policies which affront other cherished values, such as individual freedom. It is said that the price of freedom is vigilance, and an important form of vigilance is attention to political rhetoric, which often reveals how things are going.

The beginning of wisdom in politics is attention to signs of change. As a theatre of illusion, politics does not reveal its meanings to the careless eye. Reality and illusion are central categories of political study. The problem begins with the very names of institutions. The dominance of Western fashions means that every country now has a kind of politics, and a complement of institutions – parliaments, constitutions, schedules of rights, trade unions, courts, newspapers, ministers, and so on – which suggests that the same kind of thing is going on all over the world. Nothing could be further from the truth. Japan, for example, has a figure called a prime minister, and many mistakes have been made by foreign statesmen who are frustrated to discover that the Japanese prime minister cannot deliver national policies in the way that rulers of other countries sometimes can. Again, in 1936, Stalin promulgated what was widely claimed to be the most advanced constitution in the world, awash with rights and safeguards for the people of the Soviet Union. The reality was that Stalin was at that very moment engaged in 'purging' the Soviet élite in faked trials. His subjects were being shot by the million. It is not unknown for politicians to lie, but much more confusing is the complex relation between names and reality.

Above all, the name of politics itself. When concepts are stretched too far, they snap and lose their usefulness. 'Politics' used to refer merely to the actions of monarchs, parliaments, and ministers, and to the activities of the politically committed who helped or hindered their accession to authority. Everything else was social or private life. With the expansion of the power of governments, nearly everything has come to be described, in one way or another, as 'political'. We may mention here just one of the many reasons for this. Governments wishing to claim credit for all good things, and oppositions wishing to dispense blame for all bad things, have colluded in spreading the idea that all things, good and bad, are caused by political policies. This idea can turn subjects into petitioners of government, from which all benefits seem to flow, and that in turn reinforces the idea that everything actually *is* political.

There is another reason why politics has expanded its role and meaning. It has immemorially in Europe been the business of monarchs and their servants, and history has largely been the narrative of their doings. To participate in politics has thus been to attain a kind of immortality. When Fidel Castro first attempted, and failed, to take over Cuba in 1953, he defended himself at his trial in a speech declaring: 'History will absolve me.' He conceived of himself theatrically, an actor on the stage of history. Whoever seeks a kind of immortality in history goes into politics. Potential Cromwells are no longer content to be 'guiltless of their country's blood' and to end in the silence of a country churchyard. They go into politics. The French Revolution brought just such fame to otherwise obscure individuals like Robespierre, Danton, Marat, Charlotte Corday, St Just, and others. Revolutionaries are the graffiti artists of history. These are the extreme cases, and for the most part this passion in its milder forms has been satisfied by giving everyone the vote. Universal suffrage is, of course, a form of inflation which has diminished the value of a vote, but it remains essential to our conception of what it is to be a proper human being. 'Alice makes her mark on history' headlined one British newspaper reporting an elderly Black South African voting for the first time in 1994.

We moderns (and especially those who think of themselves as post-moderns) are peculiarly liable to fall into confusion about the nature of politics: we have invented ingenious reasons for thinking that our ideas are superior to those of our ancestors. All cultures believe that their own ideas are the only right ones, but educated people today are unusually locked into the prejudices of the present moment. The doctrine of progress, for example, suggested to many people that *our* convictions were grander than the obviously defective ideas of the past. Contemporary intellectual fashion does indeed reject the idea of progress, and emphasizes how much we bear the imprint of our place and time; it affirms that one culture is the equal of another. This has the appearance of a form of scepticism liberating us from the arrogance of our ancestors, for it seems to reduce our opinions to the same level as those of everyone else. That appearance is an illusion. Contemporary scepticism is a fake humility, masking a dogmatic conviction that our very openness makes our relativist humanism superior both to the dogmatism of the past and the intolerance of other cultures.

Whoever writes about politics must therefore warn against the dangers of the parochialism of one's own time, and this is certainly no less necessary today than before. This widely recognized danger is the reason that the study of politics has always been at the centre of a liberal education. Greek and Roman aristocrats studied law, philosophy, and the art of public speaking in order to fulfil the political vocation indicated by their birth. Politics could be the core of education because it very quickly became a self-conscious activity which provoked reflection and generated a superb literature. Philosophers like Plato and Aristotle explored its conceptual structure; historians like Herodotus kept alive the story of its development; political scientists (Aristotle for example) studied constitutions and how institutions worked; Aesop turned political wisdom into fable; memorable orators like Demosthenes and Cicero assembled the forms of argument most appropriate to persuading an audience; poets wrote elegies and satires on political themes, and political situations were the events which most fired the imagination of Shakespeare and other dramatists. There is no form of understanding and imagination which has not taken politics for its theme.

Many are the mirrors of politics, whose substance can only be grasped by consolidating these images until they compose a coherent scheme of understanding. The politician's immediacy and the don's detachment alike have much to offer. We must try to incorporate both. What

Machiavelli sought as the 'effective truth' of politics is merely what is relevant to the activist. It leaves much out. We must begin by looking at the very different ideas of those who laid the foundations of our conception of politics: the Greeks and Romans.

Chapter 2
The Classical Greeks: How to be a Citizen

Politics among the ancient Greeks was a new way of thinking, feeling, and above all being related to one's fellows. Citizens varied in wealth, beauty, and intelligence, but as citizens they were equal. This was because citizens were rational, and the only appropriate relation between rational beings is that of persuasion. Persuasion differs from command in assuming equality between speaker and listener. Plato provides a noble vision of this form of political life in his dialogue the *Crito*. The philosopher Socrates, having been sentenced to death for corrupting the youth, refused the offer of help to escape Athens, arguing that to flee would be rationally inconsistent with the commitment to the city expressed in the way he had lived his whole life. Even the mode of his execution reflected this basic belief that violence was not an appropriate relation between citizens: he was given a cup of hemlock to drink. The Greek freely obeyed the law of his *polis* and was proud to do so. His very identity was bound up with his city. The worst of fates was exile, a form of civic death sometimes imposed by the convention of ostracism on Athenian statesmen whose power was thought to threaten the constitution.

Among the Greeks we find most of the conditions of freedom: a life lived among equals, subject only to law, and ruling and being ruled in turn. The Greeks were the first historical people to create societies having this form; certainly they were the first to create a literature exploring it as an experience. Politics was the activity specific to this new thing called a 'citizen'. It might take many forms, even the debased forms of tyranny and usurpation, but on one thing the later classical Greeks were adamant: oriental despotism was not politics.

Such is the formal position, and these were the forms which left so deep an imprint on our civilization. The reality was no doubt a great deal more complex. Democratic and oligarchic factions fought bitter battles within cities. Farmers lived on the edge of destitution, and bad harvests might impel them towards debt slavery. Equality within cities was not matched by equal relations *between* cities, and war was endemic. The Greeks were a talkative, passionate people, and their politics was often violent and sometimes corrupt. None of this qualifies, however, the fact that they were capable of brilliant exploits, such as their victory in repelling (and ultimately conquering) their Persian neighbours. In reading much of the literature of their time, we find it easy to think of them as our contemporaries: being rationalists, they speak across the millenniums to us, their cultural descendants, with a deceptive fluency. For all the common ground, however, they were immensely different from us, in their religion, their customs, and their conception of human life. It is this difference which makes studying their civilization so exhilarating.

The Greeks were humanists, but of a kind strikingly different from the humanism (transformed by Christianity) found in the modern world. Their basic proposition was that man is a rational animal, and that the meaning of human life is found in the exercise of rationality. When men succumbed to the passions, they were shamefully descending to a lower form of being. When pride, or hubris, led them to think they were gods, they lost sight of their human limitations and suffered nemesis, the destructive resentment of the gods. The secret of life was human self-knowledge, and a balanced expression of one's human capacities. In deliberating about law and public policy, man found his highest and purest form of self-expression. It could only be enjoyed in the political life of a city.

Humanists often look to the Greeks as ancestors, but their view of the world has one remarkable (and in modern terms, disturbing) implication. Since some are less rational than others, so also are they less human. Slaves in particular are defective in rationality when compared to masters. Those who explored this view, above all the philosopher Aristotle, were perfectly aware that some slaves are clever and some masters stupid; they were merely expounding what they took to be the rational foundation of the institution itself. Again, women were taken to be less rational than men, though Aristotle considered the barbarians to be quite wrong in thinking that they were indistinguishable from slaves. Citizenship was thus confined to free adult males, and in some cities not even to all of those. The activity of politics and that of waging war merged with each other, and it thus seemed natural that women should live domestic lives: they could hardly stand their ground in a phalanx. It might seem that, in taking this view, the Greeks were the prisoners of the prejudices of their time. Being immensely imaginative in their exploration of the world, however, they had no difficulty imagining women doing any number of things: becoming warriors in the form of Amazons; going on a sexual strike to enforce peace in the *Lysistrata* of Aristophanes; taking the role of philosopher–rulers in the Guardians of Plato's *Republic*; but these images were not the reality of everyday life.

The laws and policies of a Greek city emerged, then, not from the palace of a despot, but from discussion among notionally equal citizens in the *agora*, the market-place which also generally served as the arena of politics. Citizens enjoyed equality before the law (*isonomia*, a term sometimes used as a synonym for democracy) and an equal opportunity to speak in the assembly. In a large city such as Athens, thousands of people might turn up to such meetings, so that the speakers were predominantly aristocrats who had studied the art of speaking, or notable leaders who had managed to acquire a band of supporters. In democracies, many offices were filled by lot, but the main officers were elected and were commonly from powerful families. In Thucidides' history of the Peloponnesian War we can see the democratic process at work – for example in the Athenian debate, reported in Book III, as to how the people of Mitylene, who had rebelled against Athenian hegemony, should be punished. In this debate, the popular leader Cleon put the case for confirming the decision already taken to kill the men and sell the women and children into slavery. Cleon appealed to realism: if you want to have an empire, he argued, then you must be prepared to do the ruthless things necessary to keep it together. His opponent, Diodotus, argued for clemency on the ground that ruthlessness would merely turn every occasion of revolt among the clients of Athens into a life and death struggle. It was Diodotus who triumphed in this vivid intellectual contest.

The citizens who participated in the debates belonged in their private lives to households (*oikia*) which were the basic productive units of this ancient world. The *oikos* (from which our term 'economics' derives) was a system of orderly subordination described by Aristotle: subordination of female to male, of children to parents, and of slaves to masters. The household was the sphere in which the Greeks enjoyed family life and largely supplied their material needs: for food, warmth, shelter, procreation, and so on. Here was the world of nature in which everything had its season. In many civilizations, the distinction between artifice and nature is not developed, but it was the basis of the Greek understanding of the world. The idea that wisdom consisted in following the dictates of nature led to divergent philosophies, according to the way in which the concept of 'nature' developed. Greek political philosophy began in meditation upon the tension between recognizing that the *polis* was in one sense natural and in another sense a thing of artifice.

On becoming an adult, the young Greek male could step out of the household into the *agora*, where he found the freedom to transcend natural necessity and take responsibility, uttering words worth remembering and doing deeds that might give him a kind of immortality. The Greeks of the classical period were self-conscious enough to see themselves as a distinct culture, and it is in creating a historical understanding of themselves and their world that they were opening up quite new possibilities of human experience. Politics and history were thus born together, for they share the same conception of what a human being is, and what is worth remembering.

History was the memory of words and deeds, and words were the vehicles of memory. In political activity, men addressed each other in speech, which is a skill to be learned. It requires the marshalling of ideas, the construction of arguments, the capacity to understand an audience, a recognition of the dominant passions of human nature, and much else. For the first time in history, public decisions were made in the clear light of day and subject to open criticism. The skill of rhetoric was codified by teachers called 'sophists' for the benefit of ambitious young aristocrats whose power depended on swaying a popular audience. A speech was a performance to be remembered down the ages. Thucidides tells the story of the Peloponnesian War largely in terms of the arguments adduced in the speeches of the participants; taken together, these speeches amount to a comprehensive manual on political wisdom and political folly.

This approach to political thought and action was the product of one striking false belief, which remains influential to this day: the idea that everything in the world was the result of deliberate design. The Greeks believed their own cities to have been founded by semi-divine figures, such as Lycurgus in the case of Sparta, and Theseus in the case of Athens. Wise men were sometimes called on to restore some such design if it had fallen into disrepair. In politics, the most famous case of this was that of Solon at Athens in the early part of the sixth century BC.

Two features of Solon's reforms illustrate essential features of Greek politics.

The first is that he was careful to base politics on territorial units which mixed up clan or tribal loyalties. The modern constituency, which lumps together all the heterogeneous people living in a given area, has the same effect of breaking down natural loyalties and encouraging people to act politically in terms of broad interests shared widely throughout a community.

The second is that, after establishing his reforms, Solon was careful to leave Athens for ten years so that the new constitution could be operated by others – an early version of the principle of the separation of powers. For the key to politics in the strict sense is that it is a nexus of abstract offices to which duties are attached, and in principle the work may be done by any competent office-holder. Whereas despotism depends on the personality (and often the caprice) of the individual despot, political rulers act in terms of the duties attaching to their offices.

The set of offices by which a *polis* was governed, and the laws specifying their relation, are the *constitution*. Government without a constitution would lack the specific kind of moral limitation which distinguishes politics. Constitutions function into two essential ways: they circumscribe the power of the office-holders, and as a result they create a predictable (though not rigid and fixed) world in which the citizens may conduct their lives. It is constitutions which give form to politics, and the study of them led to the emergence of political science.

A science of politics (as opposed to despotism) is possible because politics itself follows regular patterns, even though it is ultimately at the mercy of the human nature from which it arises. All that one can confidently say about despotism is that able rulers will sooner or later be followed by mad or feeble heirs. A despotism is thus subject to a fixed rhythm of rise and fall, like the seasons, and this confirmed the Greeks in their belief that despotisms, as associations of slaves, were unfree and belonged to the non-rational sphere of nature. But constitutions, because they belong to the sphere of rationality, can be studied in a more scientific way than despotisms, despite their ultimate fallibility.

For one thing, they can be classified according to certain characteristics which reveal dominant tendencies. In all constitutions, the ruler is either a monarch, or a small group of powerful leaders, or a popular assembly. There are no other possibilities than that rule must be by one, or a few, or by the many. During the classical period of Greek politics, the main division was between oligarchic states, which were thought to favour the rich and powerful, and democracies, which responded to the interests of the poor, and which were commonly thought violent and unstable.

Greek political science studied constitutions and generalized the relation between human nature and political associations. Perhaps its most powerful instrument was the theory of recurrent cycles. Monarchies tend to degenerate into tyranny, tyrannies are overthrown by aristocracies, which degenerate into oligarchies exploiting the population, which are overthrown by democracies, which in turn degenerate into the intolerable instability of mob rule, whereupon some powerful leader establishes himself as a monarch and the cycle begins all over again. This is the version of political science we find influentially expounded by a later Greek called Polybius whose main concern was to explain the character of Roman politics to his fellow Greeks; other versions of a political cycle are to be found in Plato and Aristotle.

Knowledge, as Bacon remarked, is power, and the knowledge of this cyclical rhythm in politics provoked the thought that institutions might be arranged in such a way as to break the cycle, allowing states to achieve, if not immortality, at least some long-term stability. The secret of breaking the cycle of decline lay in two propositions. The first was that government consists of a number of functions which may be parcelled out among different offices and assemblies. Executive decision requires a leader, deliberation about policy requires a small group of experienced citizens, while the acceptability of laws and the responsiveness of government depend upon effective ways of consulting the people. This is an argument for constructing a constitution in which power is distributed between the one, the few, and the many. The second proposition is that the very same distribution may also balance the interests of rich and poor, to prevent either from using political power for the purpose of economic exploitation. Such balance in politics was the equivalent of health in the body, and might keep corruption at bay for a very long time. Such is the theory of the balanced constitution which has played a central part in the politics of the West. It represents as a theory what practical politicians often evolve for themselves. The English constitution, for example, evolved into a balance between monarch, Commons, and Lords and is often cited as an example of this theory. Lawyers and statesmen were, indeed, aware of the theory, and sometimes it helped to guide them, but the actual institutions of British politics responded basically to the specific conditions of life in Britain.

It was Aristotle's view that some element of democracy was essential to the best kind of balanced constitution, which he called a 'polity'. He studied many constitutions, and was particularly interested in the mechanics of political change: revolutions, he thought, always arose out of some demand for equality. Concerning himself with both politics and ethics, he posed one question which has been found especially fascinating: can a good citizen be a good man? Rulers in some states may demand of their subjects actions which are wrong. Greek politics (like everything else in the Greek world) was powerfully theorized, to such an extent that it has often been thought that we rattle around within the limited set of possibilities revealed to us by Greek experience. Political judgement, to put the matter another way, is a choice between finite possibilities. This view assumes that human nature is fixed, and has been challenged, especially in modern times, by the view that human beings are always the creatures of their society. Very few possibilities that we discuss were not recognized in one form or another by the Greeks, who also left behind – indeed, it was their speciality – visions of the ideal: in philosophy, Plato's *Republic*, and in politics, the account of Athens put into the mouth of Pericles by Thucidides in his history of the Peloponnesian War.

Chapter 3
The Romans: The Real Meaning of Patriotism

The politics of Greece was based on reason, that of the Romans on love – love of country, love of Rome itself. The Romans thought of their city as a family, and of its founder Romulus as the ancestor of them all. This was quite different from the Greeks, for whom the family signified at the philosophical level merely those necessities in our animal nature which the freedom of politics transcended. It was the great Christian Saint Augustine who made much of patriotism as the guiding passion of the Romans, partly because he saw in it a prefiguring of the love which animated Christians. *Dulce et decorum est pro patria mori* – 'Sweet and fitting it is to die for one's country' – wrote the Roman poet Horace, in a line which long represented the noblest of political sentiments. But times change, and after the vast casualties of the First World War, this very line was often used ironically to signify the helplessness of individuals caught up in the aggressive schemes of politicians. How this change came about is an important part of our story.

The Greek cities were a dazzling episode in Western history, but Rome had the solidity of a single city which grew until it became an empire, and which out of its own decline created a church that sought to encompass nothing less than the globe itself. Whereas the Greeks were brilliant and innovative theorists, the Romans were sober and cautious farmer-warriors, less likely than their predecessors to be carried away by an idea. We inherit our ideas from the Greeks, but our practices from the Romans, and each has left a different imprint on the various nations of modern Europe. German infatuation with the Greeks, for example, has been notably greater than that of the British and the French, for whom Rome was the great exemplar. All Europeans, however, have benefited from the inheritance of two quite distinct vocabularies with which to explore political life: the political vocabulary of the Greeks – policy, police, politics itself – and the civic vocabulary of the Romans – civility, citizen, civilization. Both the architecture and the terminology of American politics, for example, are notably Roman.

The Roman vocabulary is in fact even more fundamental than the Greek because Latin was the language in which politics was understood not only when Rome ruled the Western world but also for a thousand years afterwards in Europe, until the emergence of the modern state in the sixteenth century. We talk of the fall of the Roman empire, but the collapse of Rome's political power (in the Western empire) went hand in hand with the rise of the spiritual empire of the papacy. Indeed, the peoples of what we call the 'Middle Ages' (from about 400 to about AD 1500) long retained the conviction that they were still living amid the ruins of Rome. Sometimes they even tried to revive it. Charlemagne, king of the Franks, was crowned emperor in Rome in AD 800, and the Holy Roman Empire continued in a shadowy form until it was abolished in 1806 by Napoleon, who was setting his own dynasty up in its place, at the same time littering France with monuments in the Roman style. At the beginning of the modern period, Machiavelli presented Roman politics as a model for Europe in his *Discourses on the First Ten Books of Livy* (1518). There is much to be said for Marx's view that the French Revolution was a charade played out in Roman dress.

The Rome that so bewitched Europeans provided a variety of models to explore. The Italian poet Dante in the late Middle Ages admired the empire which brought peace to the world, while Machiavelli presented the virtue of the early republic for admiration. Both responded to the story of Rome as the endlessly fascinating adventures of a people who thought of themselves as having a mission to *civilize* the world. Founded according to legend in 753 BC by Romulus, Rome was ruled by kings until 509 BC when Tarquin the Proud was expelled by Junius Brutus at the head of an aristocratic faction infuriated (so the story goes) by the rape of Lucretia. As a result, the Romans identified kingship with servitude, but in recasting their constitution, they exhibited their characteristic political creativity by a profound modification of their constitution which yet left most of the scaffolding standing. Even monarchy, which was replaced by two consuls jointly holding the *imperium* of the royal office, retained a vestigial presence in the form of a religious official called the *rex sacrorum*. The Senate, which held the *auspicia* (the symbols and instruments of rule), sustained the continuity of the Roman political tradition. Some place had always been found for the participation of the plebeians, the other main class of Romans, but in a state now ruled by patricians rather than by a king standing above both classes, it turned out to be insufficient. Oppressed, as they thought, by the patricians, the plebeians in a body walked out of Rome and set themselves up on a neighbouring hill. The Romans solved this problem in a typical way: by a *foedus*, or treaty, which allowed the plebeians to have office-holders of their own, called tribunes of the plebeians. The exemplary story of Roman politics consists partly in these constitutional responses to crisis, and partly in the heroic exploits in war which they made possible, as the Romans fought and defeated first their neighbours, then the Greek cities of southern Italy, and above all the Carthaginians against whom they fought three desperate wars before triumphing. Before long they had conquered Greece itself and were ruling the entire Mediterranean coastline, along with western Europe including England and part of Germany.

Roman history revolves around the dramatic events through which the republic gave way to the empire. Julius Caesar was assassinated by Marcus Brutus, Cassius, and their followers in 44 BC, but the assassins were defeated by Caesar's nephew Octavian and his partner, Mark Antony. When these two fell out, Octavian defeated Antony at the battle of Actium in 31 BC and returned to Rome bent on recasting the constitution to fit the new circumstances. He did this with such success that what he ruled as an empire retained the forms of a republic for the next two hundred years.

Rome is the supreme example of politics as an activity conducted by men holding offices which clearly limit the exercise of power. When the Romans thought about power, they used two words in order to acknowledge an important distinction: *potentia* meant physical power, while *potestas* signified the legal right and power inhering in an office; in addition, all offices shared in the *imperium*, or the total quantum of power available to the Roman state.

Both these forms of power however were separate from another idea which constituted the most distinctive contribution of the Romans to politics: *auctoritas*. Significantly, this term represented the junction of politics with the Roman religion, which involved the worship of families, and hence of ancestors. An *auctor* or author was the founder or initiator of something – a city, a family, even a book or an idea. The reservoir of *auctoritas* lay in the Senate as the body closest to the ancestors. It has been characterized as more than advice but less than command, and the Romans' respect for it was the real source of their political skill. It was in no sense a kind of political power, but those charged with the conduct of the *res publica*, or public business did not lightly ignore it.

Rome became fascinating to other peoples as its power expanded, and in the second century BC, when Rome conquered the Hellenic world, the Greek historian Polybius explained to his fellow Greeks what this new hegemon, or master of the world, was like. Skilled in the Greek science of the cyclical degeneration of governments, Polybius explained the success of Rome by the fact that one could not really describe her constitution as monarchical, or aristocratic, or democratic, for it contained elements of all three. The result of this combination of powers, he wrote, 'is a union which is strong enough to withstand all emergencies, so that it is impossible to find a better form of constitution than this'. He admired above all the steadiness with which the Senate responded to the greatest disaster in its history: the defeat at Cannae by Hannibal the Carthaginian, in 218 BC. Hannibal sent to Rome a delegation of captured Romans who were pledged to return to their captors after negotiating the ransom of their fellow prisoners. The Romans refused to ransom their soldiers in spite of the gravity of the situation, but sent the delegation back to Hannibal as honour required.

Rome's fame largely rested on a moral strength evident to all who had dealings with her. Bribery of officials was a capital crime, and Romans could be relied on to stand by their oaths. Polybius felt the need to justify this characteristic to his cynical fellow Greeks: the Romans had, he agreed, adopted superstitious beliefs about punishment in the afterlife, but only because this was the best way of making the people virtuous. The Jews, who encountered the Romans at about the same period, felt a similar admiration for so steady an ally: none of their generals, it was noted, 'made any personal claim to greatness by wearing the crown or donning the purple'. In those earlier days, love of country predominated, but in time success and wealth began to corrupt the Romans, who then fell under the sway of despotic forms of order which they had previously found repugnant. Virtue and freedom declined together. It was the literature of Rome, especially the work of Cicero, that persuaded later Europeans that virtue was the condition of freedom.

Acute as he was, Polybius failed to recognize that most un-Greek feature on which so much of the distinctive character of Roman politics rested: *auctoritas*. This was the moral fluid in which was suspended the Roman conviction that the good of the *patria* must take precedence over merely private concerns (such as saving one's life). This moral was conveyed in many famous stories of Roman heroes. Within this overarching concern for Rome itself, however, Romans were immensely competitive and indeed often quarrelsome. Later writers thought the antipathy between patrician and plebeian which runs through the early history of Rome was a weakness, but Machiavelli, in disagreeing with this judgement, put his finger on one of the central features of the whole Western political tradition. He argued that conflict within the state, so long as it was subordinated to the public interest, merely reflected the Roman concern for liberty and for the protection of civil rights. The policy of Rome, like that of the Greeks, issued not from some supposedly supreme wisdom but from a freely recognized competition between interests and arguments within a society. Western politics is distinguished from other forms of social order by its exploration of this theme: that beyond the harmony that results from everyone knowing his place is another harmony, in which conflict is resolved by the free discussion and free acceptance of whatever outcome emerges from constitutional procedure.

Chapter 4
Christianity and the Rise of the Individual

We have so far taken snapshots of politics among the Greeks and Romans, but we may now exhibit the process of politics coming into existence all over again, and in a new setting. During the Middle Ages, civic order emerged in western Europe out of brutality and violence, and for the first time religion played an independent role. To show this as the massive achievement it actually was is to collide with current prejudice, which commonly takes 'feudal' and 'medieval' to be terms of abuse. But 'feudal' merely signifies a specific form of order emerging out of violence, while 'medieval' is the term educated men of early modern times used to refer to the thousand-year stretch that separated them from the Classical period. There is much to be said for the view that the thousand years between the fall of the Roman empire and the emergence of the modern world is the most important strand of all in the weaving of our political texture.

Europe as we know it is the outcome of successive waves of migration by tribes pushed westwards by the pressure of others behind them. They were attracted by the evident prosperity and civilization of the Roman empire. Travelling in great hordes, the wandering peoples whom we know from the names the Romans gave them – Huns, Goths, Visigoths, Angles, Franks, and so on – pushed into the empire over many centuries, at first being absorbed by the Roman structure but later disrupting and destroying it. These barbarians set up kingdoms of their own in the countryside and in time were converted to Christianity. Each realm had a king and a set of magnates who were generally granted land in return for allegiance. Temporary grants of land soon became hereditary, but it took centuries for the old stability of the Roman era to return, partly because of internal quarrels and partly because of the pressure of new wanderers in search of land and security. The Anglo-Saxons, for example, conquered England only to find themselves attacked by the Danes, and then the Normans. These Normans themselves originated in a set of Viking raiders who in the ninth century had carved out a province in the kingdom of the Franks, and went on to create another empire in Sicily. In these troubled times, the only security came from protection by a class of professional warriors. And protection came at a price.

Civil order thus had to be reinvented, and here we shall consider three of the elements out of which the civilization of the high Middle Ages was constructed. The first was the vital love of freedom inherited from the barbarians themselves. In spite of the actual violence of these ages, the barbarian tribes had a powerful moral and legal sense of themselves as the inheritors of a tribal law on which their very identity was based. These were people whose pride consisted in subjection to those to whom they were bound by oath. Kings were the guardians of law. Violence and disorder resulted from the fact that a strong moral and legal sense of how to treat one's own community was in no way paralleled by any sense of the significance of others. It took the religion of Christianity and the morality of courtly love to begin the diffusion of this particular lesson. Europeans found their very identity in submission to a law which they believed themselves to inherit from their ancestors. Law was, as it were, untouched by human will, and it was to be some centuries before the idea that one might *legislate* began to be entertained. This was an idea which came in time from a renewed familiarity with Roman law.

Politics in these early times was, then, the dealings between a king and his more important vassals. It focused around small, primitive, moving courts. But gradually these kings evolved from being the leaders of tribes to being the masters of realms, and the law of which they were custodians became a law of the land rather than a tribe. In England, the kings steadily extended the scope of 'the king's peace' and made themselves available to the lowest in the land as a court of appeal against the exactions of their own direct vassals. And in all these local processes (the details of which varied across Europe) one fact stood out: civil order had to be constructed by agreement with a set of magnates whose control over their own tenants gave them an independent position of their own. This is the second element crucial in the re-emergence of politics. It has been plausibly suggested that the uniqueness of European feudalism resulted from the fact that Europe is a well-watered continent and that its agriculture, unlike that of China, India, and the Middle East, does not depend upon the construction of large dams and canals for irrigation and flood control. Such enterprises require great central power for the mobilization of labour, and characteristically issue in a despotic form of order. Where the weather better distributes what agriculture requires, local life is relatively independent of central power, and authority must consult with its subjects. Like all grand theories of social causation, this one needs to be treated with caution, but it is certainly part of the truth. That it cannot be the whole truth is clear, for nothing in human society is independent of the ideas people have about their situation, and no idea is generated purely by physical necessity.

The theory does, however, help to explain the political structure which emerged in Europe in the second half of the medieval millennium. By the eleventh century we find a mosaic of principalities ruled by dukes and counts, some independent trading cities, and the beginnings of realms out of which we can, with hindsight, see the nation-states of Europe emerging. To the historian, all things are contingent, and the national order of European states solidified gradually out of whole successions of unpredictable events. The Treaty of Verdun in 843, which divided the realm of Charlemagne into three parts, is often taken to be the watershed which gave us France, Germany, and that third kingdom, never fully unified, which stretches from the Netherlands in the north to Savoy and Lombardy in the south. As another example of contingency, we might take the Provençal state which might have emerged in southern France had not the crusade against the Albigensian heretics in the early thirteenth century devastated that area and subjected it to the French monarchy. Kings intrigued, nobles fought wars, and it was the intermixture of policy and accident that determined which among the variety of languages and cultures in Europe came to be identified with nations. Some fashions, however, spread spontaneously all through Europe. The fashion for courtly romance, for example, seems to have emerged first in Provence and the surrounding regions, but had immense consequences, in conjunction with Christian theology, in generating a place for women in Western civilization quite different from that found in other cultures.

Everywhere we find kings seeking to extend their dominion over both neighbouring territories and their own vassals. And in this respect the story of freedom is one of institutions and laws which balanced the demands of the dominant powers in these small societies. The king of England as the fountainhead of justice had an officer of his own, called a sheriff, in each of the counties, and his judges travelled the country dispensing justice in response to an ever more flexible set of claims and petitions called writs. But the nobles in turn had the right to force an errant king to recognize a betrayal of his trust and to force him to make reparation. The most famous occasion of this sort was when King John was forced to affirm the Magna Carta at Runnymede in the Thames valley in 1215, and Magna Carta became enshrined in English legend as the source of English liberties. In fact this was not a unique medieval occasion, but one of the standard crises of medieval politics. And it illustrates a central feature of European development: rights and liberties were first elaborated by, and commonly in the interests of, the nobility and the richer inhabitants of the towns, and then only very slowly filtered down, over the generations, to lower levels of society. The voter of today, in other words, inherits the rights first sustained by the barons of old. Whatever the defects of this historical experience, it did have the consequence that the culture needed to sustain freedom had been thoroughly tested in custom and institution before the movement for democracy extended these rights to all. Democracy has thus emerged in European states out of an organic development which sustains it at a profound level.

The essence of medieval politics lay in the fact that the king could not rule – even to the extent of carrying out the very limited functions of rule as it was understood at that time – without the co-operation of partners. He had to consult the nobles, the magnates of the Church, and, in time, representatives from the towns who could make commitments of money. It was this situation which generated the quite new institution of parliaments. Parliaments have a complicated history, very different in each of the European realms. France, for example, had both *parlements* which were essentially legal institutions, and the Estates General (*états généraux*), which were consultative. Kings needed parliaments to agree taxation and sometimes to give weight to royal policy in international dealings. Subjects valued them as they offered an opportunity to influence the law and to secure remedies against the abuse of power. The history of the English parliament is perhaps the most complicated of all; it is also the most significant, in that parliamentary institutions fell into disuse in most of Europe in the early modern period, and were only revived as devices of liberal democracy in the nineteenth century on the model of what had so successfully survived in England. But what makes parliaments an almost pure example of political creativity is that they responded to the exigencies of the moment. Unplanned, they turned out to be the essential instruments of democracy, but it was quite late in the day that they provoked reflection on such abstract aspects of their operation as representation.

The third element of medieval politics is the most important of all. It concerns religion, which is the beliefs and feelings a civilization has about the point of being alive. The Greeks and Romans had enjoyed a civic religion, in which it made no sense to distinguish between membership of church and state: the same set of institutions covered both of the functions we in the West now so clearly distinguish. In classical times, the significance of a human life consisted in exhibiting rationality and serving the republic. With the rise of Christianity to a position of dominance in the Roman empire by the fourth century, we have a quite new religious situation. One had been born an Athenian or a Roman. Religion was part of the package. But one could only become a Christian by deliberately acquiring a set of beliefs. In addition, Christianity was a religion of the book, something which set a premium on education and literacy. Partly because of this it soon became so complicated a structure of beliefs, sentiments, injunctions, and rituals that it required a vast amount of intellectual reflection, including philosophizing, in order to make it a coherent whole. Beliefs are vulnerable things, requiring custodians of their purity or orthodoxy, for the human capacity to misunderstand, or perhaps understand all too well, is very considerable. The elaboration of Christian belief out of the relatively slight materials to be found in the New Testament was the work of church councils over several centuries, and in an important sense this work has never ceased. It began with the letters of St Paul in the first generation, and was continued throughout the early centuries of Christianity. By the death of St Augustine in AD 430, the basic structure (and an immense amount of intricate superstructure out of which heresies might be made) had been elaborated. This dangerously disruptive possibility of unorthodox belief is, of course, the source of much of the intolerance to be found in the history of Christianity, an intolerance of which the Inquisition has become an emblem. But it is also the source of much of the intellectual vitality of a Christian civilization.

Christianity was in these elaborations revealed to be a religion of moral challenge. Human beings were the workmanship of the creator of the universe. They had betrayed his trust by falling into sin but had been redeemed by the divine mission of Jesus. Human life was a time of trial and test, after which some people would have immortal life. Others, perhaps most, would suffer a different fate, and much thought was given to what it might be, the medieval elaboration of the torments of hell setting the tone of human life for centuries. What this religion meant was that each person was the custodian of his or her own soul and responsible for it to God. Death was no escape from this awful responsibility, for judgement continued beyond the grave. It affected great and humble alike. Greek and Roman religion and philosophy were, it will be remembered, highly élitist. Full humanity was only possible for the hero and the philosopher, while slaves, and to some extent women, were inferior specimens of an ideal. Christianity often reversed this judgement: it was the humble people who were closest to the spirit of love which God was thought to require. This particularly included women, who were enthusiastic about a faith preaching peace and love.

Some enthusiasts for ancient republics – Machiavelli and Nietzsche are examples of this line of thought – have taken this aspect of Christian belief as an enfeebling pietism hostile to the vitality and sense of honour found in the warrior. Whatever view we take of this, we must not conclude that the *respublica Christiana* of the Middle Ages was notably peaceful or obedient. The Church did indeed seek to encourage peace and humility among a tetchy and quarrelsome set of kings and aristocrats, but it also preached crusades, most of which aimed to take Jerusalem back from Islam by main force. However much the pulpit might echo to the reiteration of Romans 13, in which St Paul exhorts Christians to obey the powers that be, European life was notably turbulent and rebellious. The real significance Christianity had for political life lay in its transformation of human values.

Christianity affirmed the equal value in the sight of God of each human soul. And the value of each individual lay not in his or her participation in universal reason, but in a personality which responded to the challenge of sin. Philosophers found it difficult to give an account of this notion of personality, and tended to relapse back into the classical account of moral life as a contest between reason and the passions. But with the emergence of Protestantism at the Reformation in the sixteenth century, it was becoming clear to all, Protestant and Catholic alike, that modern human beings must be conceived of in terms of *will*, though not in any superficial sense which might identify will merely with getting one's way. Christianity turned human attention away from political conquest and the material things of the world towards the cultivation of the inner life, and the emergence of the modern world is the slow construction of a society in which that concern with the inner life could fully parallel involvement with the world. The modern world is, of course, a dynamic process, and individualism in this sense has perhaps long passed its peak, but its debris is still to be found around us, in popular books about how to attain happiness by inner fulfilment and in the popularity of the idea of human rights, which would not be conceivable except as the outcome of the tortuous journey of Christian theology.

The Christian religion transformed the Roman empire and allowed new spiritual shoots to grow amid the decay of its civil and military power. The Roman empire in the west turned itself into the Roman Catholic Church, Roman provinces becoming dioceses, the Pope rising in power as the Emperor declined, the Roman foundational myth of Romulus coming to be focused on Jesus as the founder of the City of God, and the distinctions of Roman law being exploited to make sense of the relations between the Old Testament and the revelation of Jesus. The holy texts guided life. Jesus had said: 'Thou art Peter, and upon this rock I shall build my Church' and the successors of St Peter as bishops of Rome built up a power which came to bestride the continent and in time the world. An alliance between this sacred power and that of the monarchs was forged by turning the inauguration of kingship into the religious ceremony of coronation. The Church turned marriage into a sacred as well as a merely social bond. By the eleventh century, the Pope could fight the most powerful of secular rulers on equal terms and control high affairs of state. Europe was spiritually governed by an absolute monarch whose agents were charged with the regulation of large areas of life. The very architecture of Europe was dominated by the vast cathedrals of the towns, and by the churches found in every village from the Mediterranean to the shores of the Baltic. In time, papal power overreached itself, the secular rulers reasserted themselves, and after 1309 the papacy spent many years at Avignon in the pocket of the king of France before returning in the following century to Rome. But it had indelibly affected the structure of European politics, becoming, along with the nobility, another power which kings had to balance as they constructed their realms.

Chapter 5

Constructing the Modern State

Take your choice where the medieval realm gives way to the modern state: most scholars choose the sixteenth century, but a century is a long time, and historians have often found supposedly feudal features of European life right up to the French Revolution and beyond. The 'modern state' is an umbrella term sheltering many different kinds of politics.

Religion is at the centre of the story. A grumbling of heresies in the later Middle Ages turned into fully fledged schism after 1517 when Luther defied the Pope by nailing his theses to the church door in Wittenberg. Religion determined politics because the most important thing in most lives was eternal salvation, and communities were reluctant to tolerate forms of belief unpleasing to God. The Reformation and counter-Reformation of the sixteenth century created immense spiritual enthusiasm, and much of the politics of England during this period concerned the martyrs who tried to save the country from heresy or, alternatively, prevent it from sinking back into popish superstition. And the political significance of these passions lies in the fact that the civil society of the time was conceived of as an association of believers. To reject fundamental communal beliefs was a kind of internal emigration.

The politics of the modern state emerged out of two conflicting movements: kingdoms tended to fragment in some ways, and to become unified in others. Centralizing monarchs acquired the concentrated powers of sovereignty, yet at the same time both individuals and established classes were able to entrench privileges and usages, some coming to be formulated in the emerging vocabulary of 'rights'.

In the earlier period, the nobles were an increasingly disorderly element. They constituted a warrior class with little to fight except each other, and throughout Europe civil war and local dissension threatened a reversion to primitive conditions. The Wars of the Roses in England during the thirty years before the coming of the Tudor monarchs in 1485 was largely power-hungry aristocratic opportunism, but the French wars of religion in the next century mingled aristocratic ambition and religious enthusiasm. The English civil war after 1642, and the contemporaneous Thirty Years War in Germany, have both sometimes been seen as part of the long transition from medieval localism to the centralized modern state. The common response to civil war is an enthusiasm for absolute government. It takes two or more to fight wars, and it seemed to make sense to concentrate all power in a sovereign ruler, conformity to whose laws would guarantee peace. Just such a ruler, however, might well misuse his power. It is clear that many feared the possibility of despotism. Thus Prince Hal, referring to the death of his father in Part 2 of Shakespeare's *Henry IV* reassuringly remarks:

> Brothers, you mix your sadness with some fear:
> This is the English, not the Turkish Court.

The new politics revolved around a court, and the court itself soon lost its medieval mobility and settled in one or more grand palaces which set the style for luxury and taste. A new kind of creature emerged: the courtier, whose aim was advancement and whose skill was to please. The nobility were assimilated into the court, and found that they had to become educated in order to retain their traditional role as the monarch's counsellors. It was a dangerous role. Treason laws flourished in the early modern period, and the grandees who played the power game were seldom more than a few steps away from the block. The danger was particularly great for those whose blood line made them possible candidates for the succession. Elizabeth I reluctantly assented to the execution of Mary Queen of Scots because alive she threatened to become a focus for Roman Catholic rebellion. Out in the wider world, public opinion stirred, especially in the cities, stimulated by the pamphlets and broadsheets which printing made possible. By the seventeenth century, this wider public was beginning to play an independent role in politics. Cromwell's army was full of remarkable men who had thought deeply about God and kings, and could express themselves in direct, pithy sentences, as they did in the Army Debates at Putney in 1647.

We rightly think of early modern court life as a sinister and melodramatic world – remembering those like Thomas More ('the king's good servant, but God's first'), Anne Boleyn, Lady Jane Grey, Essex, and many others whose ending on the block has inspired literary recapitulation. Staking one's life in the game of politics remained a deadly option until the beginning of the eighteenth century, since when only the melodrama of revolution has renewed the risk of death and imprisonment. Politicians in modern liberal democracies confidently expect to die in bed. In the modern world it is only despotisms which have recourse to the firing squad or the noose.

The high-risk politics of the early modern period resulted from the insecurity of rulers. In modern democracies, doctrine falsely suggests that rulers are basically in harmony with those they rule, but the very fact of authority necessarily distances the rulers from the ruled. Total intimacy and frankness is a dangerous indulgence for rulers, who are also in some degree at the mercy of the hopes and fears of those they rule. In a despotism this gulf is often recognized by construing the ruler as a god. The emergence of political activity quite specifically rejects this option, and the history of politics from one point of view is the exploration of expedients which minimize, even though they cannot eliminate, this distance between ruler and ruled. In the Greek *polis* and in republican Rome, for example, a certain public-spiritedness could be relied upon to give rulers and ruled a common basis for action. Again, in the medieval realm, the king was the leader of his vassals who in turn were responsible for those beneath them. Rule was a moral relationship. Kings engaged in the activity called 'policy' (which involved ruthlessness and dissembling) in relation to outside magnates, but in principle, at least, they had no need for 'policy' towards their peoples. With emerging modernity, however, it became necessary to practise 'policy' in managing one's own turbulent subjects. Many of these subjects were now literate and had very definite religious and political views of their own, which might well incline them to support a change of regime. The heterogeneity of an individualistic society, combined with the problem of keeping order in a large state by abstract laws, generated 'the new politics'.

The new politics first became explicit in the Italian cities where civic republics gave way to rule by tyrants – masterful adventurers who kept the peace by the exercise of unchecked power. By contrast with the medieval monarch, relatively secure in his rank and his religious status as the anointed of God, the *signore* had to be suspicious and wary. His insecure rule was always in danger from conspiracies or alliances that powerful families in his realm might make with neighbouring states. This 'art of the state' (as the new politics has been called) came in time to turn the traditional concern with justice into mere façade and to shift the focus to the cynical advice on how to keep power which had always been a part, but usually a subordinate part, of traditional accounts of the skill of ruling. A prince of this sort was now entirely given over to 'policy', perhaps the most important part of which were the devices of management to be used to keep his own subjects loyal to his interest. Machiavelli's *Prince* is a handbook of this art, and in time its precepts came to be summed up in Botero's formula as 'reason of state'.

Here then was an entirely new conception of politics, new at least in the thoroughness with which it was theorized. It was regarded by contemporaries sometimes as a form of realism ('the effective truth' of politics, as Machiavelli put it) and sometimes as the sign of corrupt and degenerate times. The standard by which this corruption might be measured was the tradition of the classical republic as defined by Cicero and handed down by many successors both in the later Roman world and in medieval times. In this conception of politics, the ruler's overriding concern was with justice and the encouragement of virtue throughout the city, for it was on virtue that peace and good order ultimately depended. The idea of a classical republic inspired a tradition of thought which, overtaken by the new politics of reason of state in early modern times, was preserved largely in the writings of philosophers, utopians, and pamphleteers. It survived to become endlessly transformed in the complex history of modern political thought. The ambiguous Machiavelli gave an account of this conception of the state in his *Discourses on the First Ten Books of Titus Livius*, and it spread. Nostalgia for a lost world of the republic was a counterpoint to the monarchical loyalty of the early modern period, and came to dominate Enlightenment criticism of the *ancien régime* in the eighteenth century. In republican terms, and in the opinion of many of the prudent middle classes, monarchy seemed wasteful, warlike, and exploitative, an affront to humanity. Indeed, the monarch seemed barely different from a tyrant. Thomas Hobbes had attacked this doctrine in *Leviathan* (1651), arguing that such idealism caused immense bloodshed in Europe by making young scholars the dupes of ambitious men.

Hobbes was responding to new problems. One of these was that religious dissension or aristocratic ambition could plunge a modern state into civil war. Another problem was the fact of individuality, for even individuals could come into destructive conflict with each other over religion, virtue, policy, and much else. It was indeed this very diversity of modern opinion (along with the fact that modern monarchies were too big to have the same kind of public life as city-states) which made the republican model in its classical form nothing but a seductive memory. The way Hobbes put this together was to argue that the only basic thing on which all men could agree was that death, and especially sudden death, was the supreme evil. His theoretical solution to these problems replicated much that had in fact been developing in practice: in each state, there must be a sovereign power with the authority to enforce the agreement necessary for a peaceful existence. The idea of sovereignty had previously been explored by the French lawyer Jean Bodin in his *Six Books of the Commonwealth* (1576). Sovereignty, said Bodin, was 'that absolute and perpetual power vested in a commonwealth which in Latin is termed *maiestas*'. But where Bodin based his state on families, Hobbes emphasized individuals torn between the passion for glory and the fear of death. The source of the sovereign's authority lay in the consent of the people themselves; indeed, they only became a people in the proper sense by appointing him as their representative.

The theory of sovereignty highlights one of the central problems of politics. It is universally agreed that freedom consists in living under law. But laws must be made. What then is the position of the lawmaker? If he is under the law, he cannot make it, and if he is above the law, then his subjects lack the security against oppression necessary for them to be free. Hobbes certainly agreed that the subjects of a modern state must be ruled by law, not by despotic caprice, but modern conditions require that rulers should have discretionary powers to deal with special situations. At this theoretical level, the problem cannot be solved. There is, in other words, always some element of risk in giving the necessary power to a sovereign authority. The practical argument is that the alternative is worse, for without sovereign power the subject has no protection against the aggression of others.

This logic reveals the bare bones of the extreme case. More confident peoples, or perhaps those who are merely insouciant about the dangers, might well think that the state might be based on the moral agreement of reasonable people, a package of moral prescriptions called natural law or (later) natural rights. This might solve the problem of the dangers of sovereignty. Hobbes's younger contemporary John Locke, in his *Two Treatises of Government* (1689), implicitly criticized Hobbes by deriding the idea of giving to any individual the total power to determine the rights of subjects; to do this would be 'to think that Men are so foolish that they take care to avoid what Mischiefs may be done them by *Pole-Cats*, or *Foxes*, but are content, nay think it Safety, to be devoured by *Lions*'.

Locke's confidence that men will agree about natural law made him insensitive to a problem which is at the heart of both the practice and the theory of modern government. The collisions between Thomas More and Henry VIII, between Chief Justice Coke and James I, and between the English parliament and Charles I all exemplify the perennial tension between what the ruler thinks the state needs and what the lawyers say the state will allow. The Watergate case which brought down President Nixon in the United States, and the doings of the Committee of Public Safety during the French Revolution offer highly disparate examples of the same basic tension. In practice, democracy and the separation of powers are among the ways in which the sovereign power has been transformed so that it may not exploit the power of the state. Concepts of natural law, rights, consent, nationalism, and the general will are theories which in one degree or another offer at least mitigation of the problem. But even in the best regulated of worlds, it has to be recognized that political power is necessary but dangerous stuff. No precautions can guarantee complete safety.

This problem became increasingly acute because modern technology constantly enhanced the actual power available to a ruler. Pen and ink allowed the development of a bureaucracy whose records exceeded the longest memory. Identities and passports could be issued and checked, frontiers drawn with accuracy on maps (as happened first at the Treaty of Westphalia in 1648). Explosives had rendered the fortresses of the nobility useless, and censorship and control of printing helped rulers to determine in some degree the ideas available to their subjects. But it will be obvious that the bearing on politics of modern technology ebbs and flows in accordance with our themes of unification and fragmentation. The power of governments may well have been enhanced by the technology of surveillance available during the late nineteenth and first half of the twentieth century, but more recently, tourism, computers, and geographical mobility have produced the opposite effect.

It will already be clear that the modern state has turned the whole idea of politics upside down, and that this has happened in response to religious change. Men in classical times found in service to the state what most satisfied their natures. Modern Europeans, as individuals concerned above all about salvation, have often taken the function of the state as merely to ensure the peace necessary for their own projects. The liberal view of the state is just a secular version of this attitude. One might expect such governments to be weak and divided, but in fact the modern state has been remarkably tough and durable. The German philosopher Hegel indulged in hyperbole when in his *Philosophy of Right* (1821) he characterized the state as 'the march of God on earth', but he expressed prophetically the sense of a link between the state and cosmic destiny which has been felt by many Europeans since his time, and has proved itself in the mass wars of the last two centuries.

Out of the ramshackle realms of the Middle Ages, then, there came into being a dazzling new piece of institutional machinery called 'the state' – so dazzling that it has swept the world. It represented the nearest thing to omnipotence human beings could construct, and, in a technological world, it soon became the focus of dreams. What faults in the human condition could it not, properly understood, remedy? Two contrasting attitudes reveal the rhythm of modern politics. The first is the liberal view of the state, descending from medieval conceptions of freedom and kingship, as sustaining a civic order to be enjoyed. The second is the art of the state as something repressive, standing over against the aspirations of its exploited subjects, the state as a problem because it is a repressive thing that needs to be humanized. And this second view has given rise to the aspiration to transcend the state altogether and create a perfect republic in which the gap, inevitable in politics, between ruler and subject has been entirely closed. Modern politics is in large measure a dialogue between these alternatives.

Chapter 6

How to Analyse a Modern Society

How should we visualize a modern state? The more complicated the world becomes, the harder it is. But we may approach the problem by remembering that most civil associations, when they weren't ships of state being steered, have been bodies politic. Political associations must have a head, or ruler, to govern, and arms, or warriors, with which to defend themselves. Counsellors are deliberative, messengers the nerves, and agriculture the belly of this complex body, as the Roman patrician Menenius Agrippa argued when (as Plutarch tells it) he persuaded angry farmers that they must not rebel against the senatorial head. Shakespeare often used this image of the body politic, and illustrates the point with another, musical, metaphor, in the famous words he gives Ulysses in *Troilus and Cressida:*

> Take but degree away, untune that string
> And hark what discord follows. Each thing meets
> In mere oppugnancy.

The image of the state as a body conveyed that it was a unified corporate structure, in which each element must play its part in an overall harmony. Individuals and groups within the state were meaningless except as the creatures of their society. The relation of part to whole, as St Thomas Aquinas put it, was that of imperfect to perfect.

Christianity was an earthquake which shook the foundations of this conception of civil harmony, but the remarkable thing is that for fifteen hundred years the ruined classical structure stayed in place. Following Machiavelli, we have noted that the tension between the ideal of civil harmony on the one hand, and the rather turbulent adversarial practices of public life in Greece and Rome on the other, were one source of liberty. Yet the ideal of harmonious obedience never quite capitulated to the realistic view that the modern state is an equilibrium of divergent forces. Christianity exploited the idea of harmony even while also undermining it, partly by demoting politics to a merely temporal instrument for sustaining peace and worldly justice, and partly by making the care of each individual soul the fundamental thing in life.

Christianity taught Europeans to live within a divided society, and some of them have been trying to restore the lost unity ever since. The individual Christian found himself part of not one but two corporate bodies, the Church and the civil community, *sacerdotium* and *regnum*. Medieval law was also remarkably fluent in responding to an active and vigorous population by establishing further legal bodies, such as guilds and universities, of which the individual was a part. These bodies within bodies, as it were, accustomed Europeans to the transformations of modernity. The new sovereign state, while from one point of view simply an assemblage of equal subjects under a sovereign, was also a complex, highly articulated body.

The essence of modernity lay in the development of this new sentiment of individuality: the disposition increasingly to guide one's life by one's own talents and inclinations rather than to fill the place into which one had been born. The pioneering work of individualism was done in the sphere of religion, where pursuing one's inclinations – here decked out in the drapery of a newish thing called 'conscience' – was less a right than a duty. The Reformation left many people stranded under rulers who imposed a religion unacceptable to their inclinations, and they migrated. Some, like the Pilgrim Fathers, set up completely new societies which could reflect in full measure what they took to be right, while others tried to turn England, or Scotland, or the Swiss states into godly places according to their lights. But other inclinations, such as to make money, or risk one's fortune, or go soldiering, or devote one's life to art, were also part of this dissolution of traditional stabilities. It was particularly in the cities that individuals came to insist on pursuing their own inclinations. The climax of this movement came in the nineteenth century, when millions of Europeans, shopping, as it were, for the kind of state that best suited them, emigrated to the New World. Just such a pursuit of opportunity built the Americas, but even more significant was the drift all over the Western world from the countryside to the cities.

These mobile and self-dependent individuals could no longer plausibly be seen as merely contributory parts of one single body of activity. They were certainly subjects and citizens, but they also had private lives of their own, and a great number of social activities for which the state was merely an umbrella. In the early modern period, then, state and society came explicitly to be distinguished. Aristotle had defined man as a political animal, but already for Aquinas in the thirteenth century, man was political *and social*. By the seventeenth century most social contract theorizing distinguished the beginnings of society on the one hand from the construction of the state on the other. Society could even be imagined as an autonomous mode of association.

Society, then, was born out of the *state*. It was by no means the last type of association to detach itself from the state by such a process of abstraction. The growth of European commerce revealed that human beings also played roles as producers, distributors, and consumers of commodities. In this role, they often seemed like puppets on the strings of price. Money had often seemed to political philosophers a potential source of corruption, while rulers had given much thought to ways of extracting it from their subjects. By the eighteenth century, it became possible to think of individuals not merely as subjects, or as social beings, but also as participating in another distinct associative relationship: political economy, or more simply, the *economy*.

The remarkable thing about the economy was that it seemed to be a system largely independent of the will of the participants. In this respect, it interestingly resembled nature as it was coming to be revealed by science, and was strikingly different from social and political life, in which unpredictable human decisions were the rule. The movements of economic quantities were determinate, at least in principle. When the price of a commodity rose, consumers bought less of it, which tended to bring the price down again. Commodities in short supply infallibly rose in price so long as demand remained constant. There flashed upon the minds of some thinkers the idea that here, in economics, was to be found the key to a real science of man. The great Isaac Newton had demonstrated that the earth was a planet moving in a solar system according to exact laws. In 1776, Adam Smith published *The Wealth of Nations*, which exhibited the economy as a system of abstractions behaving in a similarly law-governed way.

Since this new system of relations resembled the Greek household writ large, it was called an 'economy' from the Greek *oikos*. The modern economy was called 'political' in order to distinguish it from the ancient household, and its great achievement was not only its rising prosperity but the fact that this was achieved by free labour, not by slaves – something which many were soon to regard as evidence for the morally progressive character of European civilization. Progress was the result of reason, which could analyse the processes of production into ever simpler component parts, the mechanization of some and the repetitive performance of others yielding great gains in efficiency. Early economists gloried in this achievement without being carried away by its possibilities. They knew about diminishing returns to all improvements, and the speculations of the Reverend Thomas Malthus, according to which most populations were doomed to live at around subsistence level, gave economics a dismal reputation. What was actually to transform the human condition was the accident of a highly rational and inventive collection of people in England finding themselves on top of large coal reserves. Water and wind merely supplemented human muscle, but coal-power set in motion the progress towards a push-button world. The genie of limitless human possibility had been released, and there is no doubt that it inflamed the minds of those who thought about politics.

In particular, it was the sovereign powers of Europe which saw in technological advance ways of pursuing their central project of increasing the extent of their dominions. This project primarily led them to chance their fortunes in war, a hobby which often led to national bankruptcy. The policy of national aggrandizement suggested that trade between nations was a competition for the acquisition of wealth. International trade was seen, in the jargon of a later period, as a zero-sum game: anything I win must be your loss. States therefore tried to monopolize trade, keep industrial techniques secret, protect their industries from competition, and rationalize the nation's productive resources, including human capital. This application of reason to economic competition was called mercantilism, and it was not a great success. It so happened that the British, whose dynasty was less able to impose central direction upon trade, also grew richer faster than anyone else. They increasingly left commerce unregulated, following the principles elaborated by Adam Smith according to which trade benefits both parties.

By the end of the eighteenth century, then, Europeans had learned to understand themselves as subjects and citizens in the state, as members of classes, institutions, religions, or status groups in society, and as producers and consumers in the economy. They were also beginning to learn that they were the bearers of a *culture*. Rationalism had taught them to regard themselves as part of humanity, possibly sharing in what were soon to be called 'the rights of man', but now romanticism made them take notice of the fact that each people spoke a specific language or dialect, enjoyed particular culinary tastes, customs, manners, artistic inheritance, and much else. A culture was a kind of spiritual rather than political body (the German word *Volksgeist* hit the nail on the head) which expressed itself in poetry and song and was a unique modification of human possibility. The larger states at this time equipped themselves with national artists – Dante for the Italians, Cervantes for the Spaniards, Rabelais and Racine for the French, and Shakespeare for the English. Smaller cultures sometimes had to fit themselves up with this apparatus from scratch: devoted teachers wrote down and formalized the language, artists created literature and images, and historians a national legend.

The modern body politic thus turns out to be not one but a number of bodies. If we add mind, as constitutive of psychology, then in state, society, economy, and culture we have the conceptual ground-plan of the social sciences. Each association, as a concept, sustains a vast superstructure of theory and classification. But our concern is rather with the fact that these self-conscious associations set the scene for the dramas of modern political conflict. They provide a grid from which many powerful theories of politics can be constructed.

Until the economy and the state have been distinguished, for example, there can be no modern theory of socialism, which is a reflection on the relation between politics and the economy. Again, until culture had been distinguished from society, nationalism would have made no sense. Nationalism is the doctrine (espoused by figures as various as Mazzini and Woodrow Wilson, and animating such peoples as the Czechs, Serbs, Irish, Basques, and Bretons) that every culture ought to be self-determining. This doctrine must be distinguished from the sloppy usage of 'nationalism' to signify the passionate solidarity of established states in their quarrels with others of their kind – a quite different phenomenon. This confusion has yielded the mistaken theory that, since all conflict is caused by nationalism, the way to peace lies through the abandonment of national sovereignty in favour of the rule of international authorities.

Those who theorize these abstract associations are also tempted to simplify them by supplying a single dominant motive for each. *Homo politicus* for example is driven by power, *homo economicus* by the selfish desire for wealth. Society (sometimes shadowed by the rather more sentimental term 'community') stands for solidarity, the economy for division. It should not need to be emphasized that the whole range of human motives is in fact at play across the whole spectrum of modern association: power gets entangled with culture, idealism with politics, sport with economics, and so on. Fallacies arising from simple identifications of motive and association have long rampaged through both the theory and the practice of modern life, and this is no place to analyse them. One central point may, however, be made.

It concerns the expression 'self-interest', which has a complicated history, and within the moral structure of modern life refers not to the moral vice of selfishness but to the *duty* which an individualist society imposes upon its members to be self-moving and to avoid becoming a burden on others for their needs and resources. For some people, of course, this is impossible, and for many reasons, but unless most people were capable of behaving in this kind of self-interested way, modern societies would change into something different. Self-interest, of course, in no way excludes or conflicts with our duties to be considerate and helpful to our neighbour and to others with whom we come in contact. Indeed, unless we are independently self-moving we can be of little use to them.

Can we argue that any one of the four forms of association is more fundamental than the others? This is perhaps the founding question of modern political philosophy. The more profound thinkers such as Hobbes and Hegel, in their very different ways, insist that the state is fundamental as the condition of all else. It was against this view that

Karl Marx revolted, in making economics the determiner of the course of politics, and in absorbing everything into an extended sense of the term 'society'. It was Marx who most spectacularly explored one intellectually irresistible possibility arising from the grid we have described: namely, the idea that one or other of these associations *determines* the others. 'The mode of production of material life', wrote Marx in 1859, 'determines the social, political and intellectual life process in general.' He went on to claim that the material transformation of the economic conditions of production 'can be determined with the precision of natural science'. The search for this knowledge, if it exists, has been the philosopher's stone of modern social science, and we are nowhere nearer finding it. Some sceptics believe it is not there to be found.

A certain unreality haunts those political activists who argue that some other form of association is more fundamental than the state. This results from the paradox that what they actually seek is the power of the state in order to embark on a programme of social, or cultural, or economic transformation of the very spheres which their theory proclaims to be more fundamental than the state itself. If the superficial can determine the fundamental, something goes awry with our theory. The paradox finds its practical expression in such events as politicians creating absolute power instead of abolishing the state they purport to regard as a mere façade, or African nationalists speaking on behalf of non-existent nations in order to become the government which will impose the cultural uniformity that actually *creates* the nation on whose behalf they purported to act in the first place.

All of these strange endeavours respond to a nostalgic yearning for the return of the unified body politic from which the modern state emerged. Classical republicans resented Christianity because it divided allegiance between secular and civil authorities, socialists thought that we were all torn apart between the individualistic imperatives of the workplace and communal allegiance to the state, nationalists that our cultural identity had been muddied by the oppression of alien rulers, and so on. The concept of alienation is one influential diagnosis of what ails us, and a great deal of modern politics is the doomed attempt to put Humpty Dumpty together again.

Chapter 7
Relations between States: How to Balance Power

However internally complex states may be, they face each other as unities armed and ready for both attack and defence. The history of Europe has largely been a story of war.

The reason is that so far no peaceful and prosperous social condition has long survived without the means of defending itself. A Europe of large and small political units has been an arena of wars, and they have generally been inconclusive. No state has long managed to dominate the rest. European history has been plausibly summed up as preparing for war, waging war, or recovering from war. One might have expected Christianity, as a religion of peace, to have modified this history, but its actual influence is perhaps best exemplified in the story told of Clovis, the leader of the West Franks, who conquered Gaul in AD 491 and was converted to Christianity. Listening one day to a sermon about the crucifixion, he could not help rising up in anger and bursting out: 'That would not have happened if I had been there with my Franks!' Morality can lead to war, no less than its opposite.

War kills people and destroys property, and rationalists blame it on the passions. Why in that case is the history of a rational species so dismal a tale? Part of the explanation is necessity. Since defeat in war could mean extinction as a people, and since there were always some states that were, or might become, expansionist, warriors were everywhere needed for protection. These warriors had an ethic of honour. Valour in battle was glorious and sacrifice would win, as it seemed, undying glory. In the millennium between the end of Rome in the west and the beginning of the modern world, these aristocratic protectors were to become the problem rather than the solution to the desire for peace. The death and destruction resulting from their feuding was brought to an end by the ascendancy of absolute monarchs, who then themselves became the source of the problem. War was now the pastime of kings; cannons, ran the motto, are the arguments of princes. By marriage and diplomacy, but above all by war, a state could grow to be a power. Over several centuries, the mosaic of small dominions inherited from the Middle Ages was consolidated by these means into the relatively simple political map of the Europe we know today.

War, as Clausewitz put it, is the continuation of policy – that is, politics – by other means. Rulers attack for advantage, and defend to protect the national interest. As in chess, one side or other must win, and even stalemate is merely a precarious equilibrium. To lose this international game may be a desperate thing, as the Poles discovered when the feebleness of their government left them to the partitioning mercies of the Russians, Prussians, and Austrians, and as many states discovered when overrun by Nazi Germany after 1939.

The best explanation of political conflict was given by Thomas Hobbes in *Leviathan* (1651). Hobbes called any situation in which men do not acknowledge a common superior a 'state of nature' and his thesis was that a state of nature is always a state of war, in which the life of man would be 'nasty, poor, solitary, brutish and short'. As he put it in the famous thirteenth chapter: 'men have no pleasure, but on the contrary a great deal of grief, in keeping company, where this is no power able to over-awe them all.' Hobbes suggested three basic reasons for this. We have already mentioned two of them: the scarcity of the things men value (such as well-watered land), and the human passion for glory. The third was something Hobbes called 'diffidence' or mistrust of others.

The very fear of the future aggression of others might well lead to a policy of pre-emptive strikes, which have a terrifying logic: Alpha fears that Beta will attack, and decides to strike first, but Beta already fears this, and wants to get in even earlier, fearing which Alpha . . . and so on.

Human beings living in a state of nature, and fearing death, must form a civil association by authorizing some superior power to rule them by law – an outcome Hobbes thought would most commonly come about through conquest. Human beings were impelled to take this course of action by their vulnerability. The situation of states is not essentially different; all that *is* different is the fact that states can protect themselves, whereas solitary individuals cannot. As Hobbes put it: 'in all times, kings and persons of sovereign authority, because of their independency, are in continual jealousies, and in the state and posture of gladiators; having their weapons pointing, and their eyes fixed on one another; that is, their forts, garrisons, and guns upon the frontiers of their kingdoms; and continual spies upon their neighbours; which is a posture of war.'

We can never quite escape the insecurities of the Hobbesian state of nature, which can be illustrated by the Wild West, or the condition of inner cities, the fear of footsteps when alone in a dark street at night, or (in an image used by Hobbes) by the fact that we lock our doors. And it is a powerful explanatory model because Hobbes had turned the whole question of war and peace upside-down. It had long been common to deplore war and seek its causes, as if it were a pathology to be explained. Hobbes argued that war was the natural relation between humans, and the real question was thus how they could ever achieve a condition of peace.

Broadly speaking, this model explains how European states have generally related to each other. Special circumstances may induce modifications: for example, the dominance of the USA and the USSR during much of the second half of the twentieth century made war between west European states seem unthinkable. In human affairs, however, nothing remains stable for long, and the interesting question is how Europe (by contrast with most other parts of the world) has for centuries been divided into separate and rather hostile states, none of which has long succeeded in subduing the rest.

What one would rather expect is that some conqueror would extend his power until problems of communications and logistics made further conquest unprofitable. This is what Rome did, and, notably, China and it illustrates a powerful logic in human affairs.

The millionaire who, when asked 'How much money is enough?' replied 'Just a bit more' recognized a central feature of human life. There are positive reasons why power tends to snowball, or why to those that hath it shall be given. Movements grow because everyone seeks to join up with power and success – known as the bandwagon effect. In the internal politics of some states, bandwagons work because after a certain point it becomes dangerous *not* to have joined. This makes democratic government in such states impossible, for the natural terminus is a single dominant party. But it is the negative reasons for the growth of power which are most striking. They are illustrated by the familiar board game called Monopoly in which the most successful capitalist ends up buying out his bankrupted competitors. This was how Karl Marx imagined capitalism. Similarly, no state is really secure until all of its competitors have been reduced to impotence or clienthood. The logic seems irresistible, but it turns out to be wrong. Why?

In the case of economics, it doesn't work because the economy is not a zero-sum game. Technology changes, large firms lose their flexibility, new ideas sweep all before them, and any theory of human life as a system with a logic of its own must fail. In a modern economy, which is a positive-sum game, everyone gets richer. Some, no doubt, get very much richer than others, but all enjoy cleaner water, more food, better health care, and other benefits. Let us now consider why the logic of Monopoly has so far failed to generate a single imperial power ruling all Western Europe.

The reason lies in the balance of power. Our logic of human endeavour does indeed work in explaining the fact that a succession of potential unifiers of Europe have arisen, but in each case they have been frustrated by the propensity of other European states to unite in frustrating the ambitious hegemon. In the sixteenth century, Habsburg Spain, buoyed up by gold from the New World, bestrode the Continent, but found itself blocked by Valois France. By the late seventeenth century, it was Louis XIV of France who threatened the independence of his neighbours, especially Holland, which was led by the indomitable William III (as he became when in 1689 he was crowned king of England). When in 1700 it seemed as if the Bourbons might control both France and Spain, all Europe united against Louis, and his armies suffered numerous defeats at the hands of John Churchill, Duke of Marlborough. During the eighteenth century, Russia, Prussia, and Austria were major players in this game. Even tiny Sweden had nearly a century of world-historical significance before the adventures of Charles XII exhausted her resources. After the French Revolution, it was Napoleon whose bid for world power united everyone against him. The history of the twentieth century has been dominated by the policy of blocking the hegemony which Germany's power and population demanded. Power has thus always found its balance, but the costs have been great. That is why so many Europeans have favoured transposing this whole endeavour into a new key, and creating a unified Europe by agreement rather than conquest.

European unity might at least change a situation in which the ally of one epoch may become the enemy of the next, a fact which illustrates the essential coldness and brutality of much politics. We often construe inter-state relations in terms of the metaphor of friends and foes, but misleadingly. A great power, as many statesmen have said, has no friends, merely interests, and interests change. 'Blood dries quickly' remarked Charles de Gaulle, and countries do indeed rapidly forget the enmities of yesteryear. The idea of friendship in international politics is merely sentimental overlay concealing calculations of national interest. But what is national interest?

It is whatever a state judges necessary to its security. Control of the Suez Canal was a British national interest so long as Britain ruled India; not afterwards. A national interest is limited by reality. The Poles would certainly prefer not to have such powerful and difficult neighbours as Germany and Russia, but it is not open to choice. The United States could promulgate a Monroe Doctrine largely declaring the hemisphere out of bounds to European interventions, but its power to do so has not always pleased its neighbours to the south. Thomas Jefferson was deeply suspicious of France just before the Louisiana Purchase of 1803, remarking: 'The day that France takes possession of New Orleans . . . we must marry ourselves to the British fleet and nation.' Neighbours are commonly enemies, while neighbours-but-one are allies.

The national interest is a matter of interpretation, but changes of regime seldom greatly change a state's idea of its national interest. Revolutionary France after 1789 and Bolshevik Russia after 1917 largely continued the foreign policies of their predecessors, but were additionally aggressive. Sometimes the national interest acquires the dignity of a theory to sustain it, as in Cardinal Richelieu's doctrine that the Alps, Pyrenees, and the Rhine formed the natural frontiers of France. Judgements of national interest require prudence, and some concern for the likely trend of future events. Consider as typical of such reasoning, Winston Churchill reflecting on Britain's national interest in the early 1920s:

> It is argued that we could never endure the possession of the Channel ports by a victorious Germany . . . We dwelt, however, for centuries when those same Channel ports were in the possession of the greatest European military power, when that power – France – was almost

unceasingly hostile to us. It is said that new weapons aggravate the danger. But that depends on who has the best and most powerful weapons. If, in addition to sea supremacy, we had air supremacy, we might maintain ourselves as we did in the days of Napoleon for indefinite periods, even when all the Channel ports and all the Low Countries were in the hands of a vast hostile military power. It should never be admitted in this argument that England cannot, if worse comes to worst, stand alone. I decline to accept as an axiom that our fate is involved in that of France.

The cold logic of politics requires that men and wealth should be sacrificed to protect the national interest. This necessity has always been known. In modern times it generated the idea of reason of state which may require violence, deception, and the breaking of promises. As Hobbes remarked, in war, force and fraud are the cardinal virtues, and he regarded international relations as always potentially a condition of war. Cavour, one of the creators of a united Italy in the nineteenth century, is reported as remarking: 'What scoundrels we would be if we had done for ourselves what we have done for our country.'

Yet in more recent times reason of state has been remembered largely for its failures, because these failures reinforce the case for the international morality which has grown up as a countervailing movement to the untrammelled power of national sovereignty. When Napoleon sent troops across the border into Baden to capture and shoot the duc d'Enghien, an act which shocked the whole of Europe, Talleyrand remarked. 'It was worse than a crime, it was a blunder.' And the German Chancellor Bethmann Hollweg is denigrated for his remark at the start of the First World War that the 1839 treaty guaranteeing the integrity of Belgium (which Germany had just violated) was only 'a scrap of paper'.

The movement to turn the society of European states into an international moral order derives from the medieval idea of

Christendom, which in turn owed much to the Romans and the philosophy of natural law. The Romans had a law covering relations between peoples (the *ius gentium*), while philosophers had followed the Stoics in exploring the rational precepts of a law of nature which applied to all human beings. War within the common culture of Christendom acquired usages and conventions which in some small degree mitigated its ferocity: heralds, ambassadors, signs of truce, and conventions for the treatment of prisoners of war and the immunity of civilians, including, more recently, the immunities of the Red Cross. Some rationalists of the eighteenth century were self-conscious cosmopolitans who detached themselves from loyalty to their state, and some dreamed of a universal republic that would bring peace to the world. Not all philosophers shared the dream. Hegel, for example, while not defending war, observed that it was the nursery of the heroic virtues.

The study of international relations is riven by a conflict between realists, who take the national interest as their guide, and idealists, who focus on the emergence of an international order. The idealist case has a broad popular appeal. It takes the view that if war ever was a rational way to settle conflicts, it ceased to be so with the emergence of weapons of mass destruction. Another powerful argument is that irresistible developments, especially in trade, have made countries so interdependent that the sovereignty of national states is an illusion. An application of this argument is that environmental policies for the planet require international action. The process of globalization has certainly incorporated all of mankind within an international system of states, including the world-wide currency of human rights, particularly the rights of women, which are especially disruptive in traditional societies. Some non-Western societies reject the attempt to impose such rights as a form of Western cultural imperialism. A global economy is certainly emerging, but equally certainly there is no emergence of a dominant global morality.

The moral thrust of internationalism is to identify the national interest with selfishness. Conformity to international treaties and the implementation of rights is, by contrast, seen as virtuous. The reader will already have realized, however, that nothing in politics is purely moral, or indeed purely economic, spiritual, or anything else. What is economically efficient may be spiritually destructive, and what is universally moral may be fatal to a specific culture. It is not even as if the movement for international virtue can claim to be entirely independent of particular interests. International morality certainly suits some nations more than others, and a prosperous bureaucracy of civil servants with clients among the pressure-groups of Western countries benefits from its extension.

Realists claim that national interest remains, and indeed ought to remain, the lodestar of international relations. They have seen a whole succession of monocausal theories of the causes of war (baronial arrogance, dynastic ambition, nationalism, or fanaticism) refuted by the facts. Their concern is that utopian aspirations towards a new peaceful world order will simply absolutize conflicts and make them more intractable. National interests are in some degree negotiable; rights, in principle, are not. International organizations such as the United Nations have not been conspicuously successful in bringing peace, and it is likely that the states of the world would become extremely nervous of any move to give the UN the overwhelming power needed to do this. International relations is thus one area which conspicuously demonstrates that all political solutions tend to create new political problems.

Chapter 8
The Experience of Politics: I. How to be an Activist

Those who study politics are called political scientists, and we must presently consider politics as a science. First, however, we must look to what it is that scientists have to study: namely, the actual experience of engaging in politics.

This experience is sometimes compared to theatre. Politicians and actors certainly belong to related tribes. Much of the architecture of public life recalls the Classical inspiration of the Roman forum, especially that of Washington. In London, the Houses of Parliament, rebuilt in the middle of the nineteenth century, have been appropriately described as 'a basically classical structure with neo-Gothic detail'. The architecture of the Kremlin and its owner's embellishments reflect the remoteness and grandiosity of despotism. French public architecture is imperial in its grandeur. That the British prime minister lives in a more or less ordinary house in a more or less ordinary street reveals something of the studied casualness of British public life.

These are the national theatres of politics, but most political drama, even in a televisual age, takes place in local and regional offices, in dusty halls and on windy street corners where electors can be harangued. Politics has its own logistics: it requires agents, premises, contacts with printers, a pool of supporters, money, and generally, as the condition of all these things, an established political party. The rich and famous are sometimes inclined to start a party from scratch, but it is a difficult option. The typical route taken by the ambitious politician is from the periphery to the centre, and each step of the way resembles a game of snakes and ladders.

The politician needs, for a start, the same kind of knowledge as the concerned citizen; just more of it. What American politician could move a step without a close knowledge of the Constitution, the Bill of Rights, and many of the decisions of the Supreme Court? Knowledge of history is indispensable, supplying a range of memories, references, and metaphors without which political talk is unintelligible. From the War of Independence, through the Civil War, to the very songs and slogans of the American past, the politician must be able to pick up the references, many of them highly local, which constitute the culture of those whom he seeks to represent. He must know how the Senate and Congress work in detail, not to mention the way in which the states relate to them. Much of this is low-level, slightly tedious, descriptive material, but without it the politician's understanding hardly rises above gossip.

Traditions of politics vary greatly. In beginning by contrasting politics with despotism, we have already suggested that there is an immense gulf dividing the possible ways of ordering a society. The very idea of what a human being is, and what is due to men, and especially to women, will in many countries be remote from what is believed by the average reader of this book. A tradition is something 'handed down' from one generation to another, and (perhaps re-described as 'political culture') must be the central object of understanding in any political system. It is composed of many strands, and what people say about the state may give very little sense of the reality of politics. A population long accustomed to being exploited by tax collectors, for example, has an attitude to the census, to governmental forms, and the rhetoric of leaders quite different from that which used to be found in European liberal democracies. In some traditions, people are sanguine about what can be changed, in others cynical and fatalistic. The very language in which the thoughts and sentiments pass down over the generations reveals a conceptual structure which affects political possibility. All languages have some analogue for 'justice', for example, but there are many variations on this broad theme – such as the idea of fairness – which can only be imported from other languages. Even European languages which are culturally similar to English do not yield a genuine translation of the subtitle – *Justice as Fairness* – of John Rawls's *A Theory of Justice*. Again, the Chinese character for 'freedom' connotes slipperiness and egoism rather than the courage and independence with which Europeans associate the term.

Most political knowledge generalizes experience. The politician cannot help but learn a great deal from the past, and especially from exemplary heroes and villains. Machiavelli recommended a close attention to the great deeds of ancient Rome, but modern history is not a whit less fertile in suggestive examples, and certainly much more revealing about our own political traditions. A British politician, for example, must know something of Magna Carta, Roundhead and Cavalier, Whig and Tory, the Reform Bills of the nineteenth century, the contrasting political styles of prime ministers such as Melbourne, Peel, Disraeli, Gladstone, Churchill, Attlee, and Wilson, not to mention the events of the twentieth century. Much of this will be legend, and what is heroic to some will be deplorable to others. A Labour politician might regard Ramsay MacDonald's formation of the National Government in 1931 as an act of treason to the party; a Conservative would treat the event quite differently, and would certainly see it as less important. Politicians train for the real world by endless talk about past landmarks and present possibilities, and they do so in a special language of their own. Thus 'appeasement' is no longer in politics the name of a type of response to someone's discontent, but refers to a dispute about foreign policy in the 1930s. For several decades after the Second World War it denoted an episode of shame and cowardice. Then came revision, an attack on the reputation of Churchill, the great critic of appeasement, and the argument that Britain's lone stand against Hitler in 1940 had merely delivered her into the hands of the rising empires of the USA and the USSR. It is very seldom that events stand still for long, and the paradox is that the past is nearly as opaque as the future.

For the aspiring politician in a country such as France, the past hangs more heavily than it commonly has in Anglo-Saxon countries. The French Revolution split France profoundly, largely along religious and secular lines, and the Nazi occupation left memories which determined political allegiances for the rest of the century. Irish politics has been similarly haunted by memory. The United States has, in general, been more fortunate, though the legacy of the Civil War has been bitter.

Since politics is talk, political skill requires wit, and politicians are remembered for their phrases. Winston Churchill is remembered both for the speeches which articulated 'the lion's roar' during the Second World War and for a string of witticisms, some of them malicious, like his description of Clement Attlee as 'a sheep in sheep's clothing'. Lincoln's political success came from his wisdom, but it is hard to imagine his political skill without his dazzling capacity for oratory. These men all belong, of course, to a vanished time when citizens attended like connoisseurs to long and complicated political speeches. Gladstone once took four hours to introduce his budget to the House of Commons – fortified, it is said, with raw eggs and sherry. That culture has been destroyed by the trivializing effect of radio and television, which provide such abundant distraction for the mind that politics must be fitted into a much smaller space: the 'sound-bite'. The sound-bite belongs to the simplified world of the slogan and the banner, but this does not diminish the need of the politician for the phrasemaker.

In modern democracies, a politician is a spokesman for some broadly based opinion, and what he or she hopes to become is the holder of an office. *Spokesmanship* and *office* are the polarities within which the men and women who go in for politics must live, and each reveals much about politics.

Spokesmanship is representation, and modern government must be conducted by representatives rather than by the citizens themselves because legislative enactments, often some hundreds of pages long, are too complicated to be mastered without unusual skill and attention. But the representative function of the politician begins long before policies emerge. It is the skill of constructing a position which will appeal to many people because it can harmonize conflicting desires. The superficial critic of politicians can see the vagueness and indeterminacy which are certainly often necessary for this, but generally fails to appreciate the trick of finding some essence of an issue that can unite different opinions. A skilful politician resembles a magician in his capacity to set an object before the mind of one audience, while keeping it invisible to others, sometimes in the same hall. Simple-minded rationalists sometimes stigmatize this characteristic of politicians as nothing but support-seeking duplicity, and journalists have taken to 'decoding' their speeches and disclosing the supposed 'message' behind the words. Better understood, this technique is the tact which allows people with very different judgements and preferences to live together in one society; where it fails – as, for example, in the difficulty Canadian politicians have had in projecting a 'Canada' that would accommodate Francophone and Anglophone opinion – then society moves to the brink of dissolution. American politicians finessed the division over slavery for as long as they could, for they suspected that the real alternative was civil war, and they were right.

Constrained by his representative function, the politician is further circumscribed by the responsibilities of his *office*. The raw brutalities of power are largely converted into the suavities of authority, and it is important to distinguish these two phenomena. The outsider is often impressed by the power of those who hold important positions in the state, but power, while attractive as a kind of melodrama, is mostly exaggerated. The office of a prime minister or president is constitutionally limited, and idealists quickly find that their capacity to improve the world requires whole streams of concessions they would prefer not to make. As Harry S. Truman remarked: 'About the biggest power the President has is the power to persuade people to do what they ought to do without having to be persuaded.' The power of an office is merely the skill by which a ruler can use his authority to get the right things done. Otherwise, when people talk of 'power' they merely mean the pleasure an office-holder may get from a purely personal exercise of will, which is basically a trivial thing. Most trivial of all is the pleasure in being the constant focus of attention in public places, and the capacity to please – but also to frustrate – the ambitious people by whom the politician is surrounded. It can no doubt be exploited for illicit purposes. President Kennedy notoriously used his prestige as president to induce large numbers of women to sleep with him, though since he was also handsome and rich, he hardly needed presidential prestige for that. It may be that, like the kinds of political groupie the Hungarian writer Arthur Koestler talked about, some of them 'wanted to sleep with history'. Such power is not a thing possessed by the power-holder, but a moral relationship between the power-holder and the person over whom the power is supposedly exercised. Where it is a form of corruption, it involves the corruption of both parties.

The fact that persuasion lies at the heart of politics has one central implication: the reasons a politician decides upon a policy are categorically distinct from the reasons by which he publicly defends it. The two sets of reasons may overlap, or they may not, but in neither case need we conclude that politics is a cynical business. The reason lies in what we may call the *dimensions* of a political act. One such dimension concerns the practicality of the act in question. Will it have the desirable effects expected of it? What are its costs, and possible longer-term consequences? For the government to guarantee everyone an old-age pension, for example, will certainly alleviate hardship, but it will also have economic consequences because the incentives to thrift and saving will diminish, and that will affect the economy. The real test is the long term. As the nineteenth-century journalist Walter Bagehot observed, one cannot judge the consequences of any reform until the generation in which it was passed has left the scene.

A second dimension: what is the consequence of pursuing this particular *type* of policy? It will infallibly become a precedent used in arguing for further policies of the same type. If it fails, there may be demands that the policy be pursued even further, rather than abandoned. When central direction of some economic activity produces anomalies, for example, the typical demand is that further central direction should be invoked to deal with the anomalies. Another dimension: what effect will this policy have on the short- and long-term prospects of its promoter? The promoter here is both the individual and the party legislating the policy. The Welfare State, for example, created in Britain after 1945, diffused benefits widely over the electorate, and its short-term effects might therefore have been to increase support for the Labour Party which carried it out. In the event, this did not happen – Labour lost the 1951 election. More seriously still, some welfare measures of the period have been thought to have 'gentrified' the working class and detached them from the Labour Party. As politicians sometimes say, nothing fails like success.

A typical form of cynicism revolves around concepts such as the 'public interest' or the 'common good'. It is easy to discredit such terms by pointing out that nearly every act of government will have both good and bad consequences for different sets of people. But it is to mistake the meaning of public interest to think it can be judged in terms of individual costs and benefits. Ideas of this kind are formal terms of political argument whose specific meaning can only emerge from the public debate itself. They are the necessary formal conditions of any political advocacy. It would be absurd for a politician to say: 'I want to do this because it is good for *me*.' Such a line would provide no reason why anyone else should do it. No doubt there is a vague sense in which everything any politician advocates is the best thing for him in the circumstances, but this does not at all mean that he is a hypocrite out for nothing else but personal benefit. There is plenty of self-serving conduct in politics, though it is reasonable to think that politicians are generally more rather than less public-spirited than the rest of us. That may not be much, of course, but it is something.

None of this is to deny the lowness of much of politics. A certain craftiness is essential. To know, for example, the rule whereby when votes are equal in a committee, the motion is lost, tells the crafty politician whether to frame a precarious motion in negative or in positive terms. For if, opposing the policy, he frames it in positive terms, and the vote is tied, then the motion is lost and he gets what he wants. In the 1994 Euro-elections in Britain, one candidate got thousands of votes from an unsophisticated electorate by calling himself the 'literal' (rather than liberal) democratic candidate. To have a name beginning with the early letters of the alphabet gives a candidate a slight but measurable advantage from the dimness of some citizens who simply fill in the ballot-paper from the top down. And no one called 'Kennedy' can fail to pick up extra votes in many American states. The main delinquencies of politicians, however, arise from highly prevalent human vices: cowardice in failing to challenge the fashionable opinion which the politician senses is wrong, fear of being thought stupid, desire to take up a virtuous-seeming posture, a preference for the comfortable option when the politician knows that the chickens will come home to roost some time after he has left the scene, and so on.

Politicians form a kind of club, sharing a culture in liberal democracies which cuts across party divisions. Friendships, for example, are often warmer *across* parties than within them. Certain ideas are always dominant in this culture, and some of these ideas may run counter to the opinions (known here as prejudices) of the people at large. In recent times, capital punishment, multiculturalism, and international idealism are examples of this class of idea, and politicians sometimes confuse them with the quite different thing called principle. The significance of this fact is that in certain respects politicians as a class constitute an oligarchy whose tendency is at odds with that of the population it rules. This oligarchic tendency is even more pronounced in countries whose electoral system requires voters to support party lists. When the gap between what politicians admire and what the people want widens, the general stock of politicians goes down, and they are recognized less as representing than as trying to hoodwink the people. The familiar ambiguities of politics become explicit sophistry. This is, of course, a dangerous situation in which opportunities for demagogues multiply.

The politician facing the question: how may my policy be commended to my audience? will think more of his audience than of his own introspections. Sometimes that audience will be colleagues, sometimes his own party, and sometimes the electorate as a whole. We may assume that he is persuaded of its wisdom, but the reasons which seem decisive to him may well not be decisive to others. The problem of persuasion is to find the reasons that will be decisive to the audience. In doing that, the politician must take off from whatever common ground he shares with them. The first act in persuasion is for the persuader to convince his audience of his fellow-feeling with their broad aims, and only then can he commend his own policy as something fitting in with those aims.

What this account of persuasion suggests is that the politician must be a special type of person, one capable of keeping his deepest convictions to himself. The rest of us can shoot off our mouths to our hearts' content, indulging in that massive new pleasure the modern world has invented, being opinionated about matters on which we are ignorant. The politician must generally consider the effect of his opinions on his likely future, and requires a special kind of personality structure. But it should not be concluded from this that a politician is simply a hypocrite. Such a person is engaged in a high-risk occupation in which he must always be looking to future developments. Opportunism is certainly part of the talent, but unless the politician has genuine convictions – both moral convictions, and convictions about how things are likely to move – he will lack the clear profile which is usually necessary for the greatest success. Statesmen – the highest grade of politician – are those who can balance inner conviction with the talent of turning every opportunity to advantage. Charles de Gaulle called for resistance to Germany from London in 1940, and withdrew from French politics in 1946, taking risks in both cases which could have doomed him to obloquy and insignificance. Churchill's stand against appeasement in the 1930s might have been a mere swansong to a moderately successful career. A Barry Goldwater who took disastrous risks in bidding for the presidency in 1964 turned out to be preparing the soil for the Reagan victory of 1980. The secret of politics is to care about success, but not too much.

Chapter 9
The Experience of Politics: II. Parties and Doctrines

Participating in liberal democratic politics means joining or supporting a political party. It means taking sides about some central political issues. W. S. Gilbert got it bang to rights when he wrote in *Iolanthe*:

> **I often think it's comical**
> **How nature always does contrive**
> **That every boy and every gal**
> **That's born into the world alive**
> **Is either a little Liberal,**
> **Or else a little Conservative!**

Gilbert was talking about nineteenth-century Britain, of course; in other countries the names and the emphases would be different. American Democrats and Republicans are perhaps not as distinct personalities as Liberal and Conservative, and twentieth-century Britain would require attention to the Labour Party. Further, we must remember that the actual names of political parties are opportunistic: mere names, not descriptions of doctrine. Republicans are no less democratic than Democrats, and Democrats just as republican. But Gilbert was right in thinking that in modern politics liberal and conservative tendencies are basic, and also that everything tends to reduce to two.

Certainly not one. Political scientists long accepted the terminology of 'the one-party state', but only because they were confused. The very word 'party' implies that there must be another party of the same basic kind. The essence of politics is debate, and there must be something to debate *with*. A party that monopolizes power and talks only to itself, like the ruling communist parties of the twentieth century, can only be totalitarian, which is to say despotic, and therefore quite distinct from politics. In every liberal democratic state, then, there will generally be two dominant parties, with several others on the margins of political power, not to mention a host of political sects which sometimes compete at elections. This sketch of the opinionative reality of a modern state needs to be completed by recognizing that parties are closely connected with a miscellany of pressure-groups, interest groups, vocational organizations, public relations firms, lobbyists, churches, and any other body which from time to time feels the need to influence the decisions of an increasingly ubiquitous state.

Parties seek to win elections, but this does not quite mean to 'capture the power of the state'. Indeed, it happens just as much that the state captures *them*. Policies that sound impressive in electoral rhetoric can turn out to be invitations to disaster once the incoming ministers discover their implications. The experience of government tends to mitigate the noisy contrasts of political debate, for government is a limited and responsible business while democratic politics is a game in which teams vie for victory. Risks must be taken, there are winners and losers, favoured candidates lose the race to rivals whom no one had taken seriously before, and all this constitutes a spectacle which inspires and enlivens partisans. As Edmund Burke expressed the benefits of competition in politics: 'He that wrestles with us strengthens our nerves and sharpens our skill. Our antagonist is our helper.' The basic constitutional point is that the electorate can 'throw the rascals out'.

Gilbert thought that political partisanship was innate, and there may indeed be some universal disposition which supports political tendencies. The American philosopher William James suggested that human beings are either tough-minded or tender-minded, and some have thought socialists, with their talk of compassion, to be tender-minded, while conservatives, who these days tend to support the free market, are tough-minded. This is not a view which will long survive a close inspection of contemporary political leaders.

Sometimes the complexity of parties is identified with the abstract issue of promoting or resisting change. Changes may, of course, be good or bad according to judgement, but conservatives have a generalized disposition to dislike change as such, while liberals welcome it. This distinction in turn is sometimes given a biological basis: the young are eager for change, but grow more conservative as they age. Certainly it is true that the young are significantly different in politics, being given to investing their boundless enthusiasm in ideas of social transformation – as did the Young Turks, the Bolsheviks, Mussolini's Fascists, Hitler's Nazis, and the youthful enthusiasts of the 1960s. This is not, on the face of it, a reason for encouraging the political engagement of the young!

Alternatively, parties may be identified with interests, so that the rich are conservative while the poor are liberal or socialist. The modern version of this classical understanding of politics derives from the idea that modern states are the arenas of a concealed war between the bourgeoisie and the proletariat. The idea suffers from two major disadvantages. The first is that in a war, one side seeks the total defeat of the other, whereas political debate, being a form of sport, is a type of competition in which each side *needs* the other. Just as you cannot play football without a competing team, so you cannot engage in politics without competing parties. The idea of the class war is therefore a covert way of recommending an end to politics and its replacement by leaders who will bring about the one true community. The second disadvantage of the idea that political parties merely reflect interests is that very significant numbers of workers vote for conservative parties while many rich and middle-class people espouse radical programmes, including the redistribution of wealth in the name of equality. Political scientists who start off with this idea have spent a lot of fruitless time scratching their heads over such phenomena as the blue-collar Republican or the Tory working man. The reality is that politics is about persuasion, and no brute fact about voters reliably tells us how they will think or act.

These ideas all help to illuminate aspects of a complex and shifting scene, and they mitigate what is the most plausible error in the understanding of parties: namely, to identify them with doctrines, sometimes called ideologies. Principles and programmes are important in politics, but both are trumped by circumstance. The problem is that circumstances are so infinitely various that the student of politics is forced to attend to doctrines which at least have some degree of intellectual coherence. In many cases, doctrine is almost the only guide we have as to how policy is moving; in any case, it has an intellectual attraction of its own which makes it worth study, however clear one must always be about its limited role in the actual exercise of authority.

The reader will have noticed that we have so far recognized liberalism and conservatism, but given only glancing mention to socialism, in some respects the official doctrine of left-wing parties in modern politics. In disentangling this area, only the most delicate footwork will do, and part of the argument will be incomplete until we deal with ideologies in a later chapter. Let us deal with the matter narratively, and base ourselves on British experience, which has been widely copied.

While division into party or faction has always been found in politics, and Cavalier fought Roundhead in the middle of the seventeenth century, the first recognizable political parties in England were the Whigs and Tories, who distinguished each other as enemies in 1679 over the bill to exclude James, Duke of York, from the throne because he was a Roman Catholic. Tories tended to believe in order and obedience, while Whigs, an aristocratic faction, based politics on the consent of a limited electorate as expressed in the institution of Parliament. Success in English politics over the next century nevertheless still depended largely on royal favour, and it was long before parties became respectable, and the institution of an opposition an integral part of the constitution.

The philosopher of the Whigs was John Locke, whose doctrines that government must rest on the consent of the governed, and that men have a natural right to life, liberty, and property are the basis of one version of liberalism. They were brilliantly echoed in the American Declaration of Independence of 1776, which talks of the inalienable right to 'life, liberty and the pursuit of happiness'. Here, then, was a doctrine which challenged the inherited traditional ways, and appealed to the disposition to reform both politics and society. The claim to be free from whatever restraints cannot meet the test of reason may plausibly be seen as the claim which has built the modern world, and for this reason the term 'liberalism' has acquired two meanings: first, as a specific political tendency in modern politics to be contrasted with conservatism and other doctrines; and second, as the archetypical attitude to which *all* modern European politics belongs.

The actual name liberalism only came into currency in the 1830s, the decade of political naming, in which socialism and conservatism also acquired their present names. But already by this time British politics had bifurcated in response to the defining event of modern politics. That grand question was how to understand what began to happen in France in 1789. Charles James Fox, one of the leading Whigs, believed that the French were at last following the path England had taken back in 1688; his friend Edmund Burke thought that the French revolutionaries, deriving their destructive policies from the abstract principles of the Declaration of the Rights of Man, were a new and thoroughly bad phenomenon. They were abandoning tradition in order to subject France (and soon Europe) to the brutalities of an abstract blueprint which must, Burke believed, destroy humanity. Burke's response to the French Revolution anticipated all the arguments used in the West against communism. Both the French and the Russian version of utopianism ended by drenching their countries in blood. Burke had predicted that this would happen in France long before the first head rolled off the guillotine.

Burke in effect founded conservatism by his diagnosis that liberalism as a political doctrine of reform found it hard to distinguish itself from doctrines of social transformation which, in their vain and destructive search for a perfect society, would destroy politics altogether. The basic arguments are brilliantly laid out in his *Reflections on the Revolution in France* (1790). What further entangled the understanding of politics with the confusions of despotism was the currency of the distinction between left and right. Originating as a metaphor based on the seating of factions in the French revolutionary assembly, left and right came to stand for revolution and reaction, two concepts which Burke and other exponents of politics would regard as equally unpolitical. According to Burke, politics is based, rather, on the concepts of preservation and reform, and it takes off not from abstract ideas of social perfection, but from the circumstances of the present.

What, then, of socialism? It arises from the fusion of two nineteenth-century phenomena: first, the idea that society is basically a factory whose products ought to be equally distributed among those who work in it, and second, the actual enfranchisement of the new class of industrial workers in the course of the century. Socialism finds its distinctiveness in its concern for the poor, and it seeks to legislate policies such as the redistribution of wealth and state provision of welfare which will equalize conditions of life. It is hostile to luxury and the idleness of the rich.

What is it that distinguishes socialism from liberalism and conservatism? As a doctrine of reform in a modern society, socialism would seem to have more in common with liberalism's bent for reform, and indeed in Britain the Labour Party rose under liberalism's wing and eventually replaced the Liberal Party as the self-declared party of reform. On the other hand, it was the Conservative Shaftesbury who introduced the Factory Acts in the 1840s, and conservative governments which after 1951 continued and extended Labour's Welfare State. When in 1985 British coal-miners went on strike against a Conservative government which wanted to make the mines economically efficient, the Labour Party had been supporting an essentially conservative policy of subsidy in order to preserve the mining villages.

This is a common situation. Parties steal each other's clothes and poach each other's supporters as part of the great game of politics, often with relatively little concern for doctrinal consistency. Liberals who used to stand for free trade became defenders of subsidy and protection with the so-called New Liberalism of the 1890s. Margaret Thatcher's Conservative government after 1979 was accused of betraying conservatism and espousing classical liberalism. Circumstances so change the colour of politics that what looks to a party like the right policy in some circumstances may look completely different a generation later. One of the most fascinating facts of modern politics is the failure of a successful socialist party to emerge in the United States. The Democratic Party has, of course, adopted many of the policies that would be called 'socialist' in Europe, and 'liberal' as an American political term means something far closer to socialism than its European counterpart. For almost any justification of policies will be abstract, and in new circumstances, will commit a party to more than it really wants. When that happens, policy or doctrine (and sometimes both) will have to be adjusted.

In actual politics, the formula that liberals, broadly, favour reform, and conservatives stick with tradition, points us in the right direction, but no more. In any case, it leaves us with the problem of socialism. Is socialism a tendency no less profoundly entrenched in politics than liberalism and conservatism? Or is it a movement which, transcending the ups and downs of political life, aims at something much grander than politics: a permanently better society? The basic point, we may suggest, is that socialism may refer either to belief in a fully just society, or to a political tendency to favour egalitarian and redistributive reforms when possible. Whatever it might be like, a fully just society would need no serious politics; it would be one of those projects of perfection which we shall call ideologies and which we shall discuss presently. And this is what the term socialism commonly signifies, especially to its adherents. That is why it has acquired a genuinely political partner, often called social democracy, where the addition of democracy signifies the political commitment which recognizes that the state is an institution that must respond to the current tastes and desires of its members, and therefore that any conception of a finally perfect state is incompatible with the very activity of politics itself.

Chapter 10

The Experience of Politics: III. Justice, Freedom, and Democracy

Politics, being largely talk, must dramatize itself. A king is in some sense just one human being among others. Civil order in a monarchy requires that we *dramatize* what it is to be a king, and this is the point of crowns, thrones, sceptres, guards of honour, regalia, and other symbols, some of which are used by the prime ministers and presidents of our own egalitarian times. Most political expression is metaphorical. The state, we saw, was a *body* politic. We may now consider it as a ship. The ship metaphor lies behind the very word 'government' which comes from the medieval Latin *gubernaculum*, a rudder. Politics is the art of navigating the ship of state. By what signs should the steersman steer?

The obvious answer is: he should be guided by *ideals*, distant beacons of excellence at which we should all aim. Ideals are often the concepts by which political parties identify themselves. Conservatives, for example, owe a general allegiance to tradition, liberals to freedom, socialists to equality. But the supreme navigational tool of politics, trumping even these, is the thing called 'justice' which in the first masterpiece of political philosophy, Plato's *Republic*, was the regulative virtue which determined the place of all the other virtues. The actual word justice comes from the Latin *ius*, which covers both law and right. In his famous dialogue, Plato began by showing that justice meant giving every person his due, but went on to demonstrate that this formula meant nothing until one could explain what was due (or owing) to people. This required nothing less than sketching the entire structure of a *polis*. It turned out that justice on Plato's view was fitting people into the place in the state for which their natures equipped them. Rulers were thus revealed as philosophers, for only philosophers possessed a rational understanding of human nature. The basic principle was complementarity. Workers, warriors, and philosopher–rulers must each stick to their own tasks.

Plato's republic is sometimes taken to be a utopia, that is, a picture of some ideal condition, but this is a mistake. For one thing, desires differ, and there is no reason why I should find your desires admirable, or you mine. What is merely desired has no intellectual force, whereas what is *desirable* moves the argument on to an objective plane beyond desire. More profoundly, however, justice is an ideal, and nothing in the complex real world in which we live can actually *be* an ideal. In navigational terms, justice is a star to steer by, and when you steer by a star you don't aim to arrive there. This point is sometimes made by saying that justice is a normative concept, which means that we ought to take our bearings from it. To say that justice requires a certain policy, or that some existing situation is unjust, is to propose action. When we talk about justice, then, we might be describing an ideal, sketching a utopia, stating a grievance, or advancing some policy, or indeed doing a variety of other things. The essential thing about justice and other ideals is that they function in many different ways, and it is important always to ask in any particular case which function is being performed.

Is it just, for example, that the right to vote should be limited to people with property, or to adult males? Is it just that one nation should be ruled by another? Is it just that the state's religion should be enforced on everyone? These questions have been passionately debated in terms of justice, and different answers have been given in different generations. It is obvious, then, that the content of justice will at least to some extent depend on current opinion. It happens that most people will have a clear answer to each of the questions I have used in illustration, and will therefore be tempted to think that human beings move steadily from narrower to broader and more defensible ideas of justice as time goes by. This is one of our most satisfying illusions. All that experience actually seems to demonstrate is that each generation is pleased to discern that it has at last arrived at decently absolute moral and political judgements.

However democratic a state's constitution may be, for example, the participation of its citizens goes up and down according to nothing more profound than circumstances. The citizens of Classical times participated in politics more than those in the Middle Ages; and the citizens of Italian cities early in the Middle Ages more than those in the later period. Things swing back and forth. Recent generations have tended to make an absolute out of the belief that moral standards are relative and all cultures are equal, fondly imagining that this, at last, is the wisdom of the ages.

Politics is endless public disagreement about what justice requires. Aristotle taught that instability in constitutions is caused by the passion for equality, and went on to characterize justice as a state in which honour and office are distributed according to the contribution different groups make to the welfare of the *polis*. Numbers, wealth, and merit must all find a place, and a true polity would include both democratic and oligarchic elements. Here the philosopher is merely telling us what justice is. He is not giving advice on how to achieve it, and his formula would hardly be of much use if he were. And that reveals to us yet another way in which an idea like justice can function: it can supply a philosophical explanation of what we already know. For there is one great defect of the navigational metaphor we have been using: it suggests that justice is to be found in some place we have not yet reached. This is quite wrong. We already know what justice is, and our societies already are, in certain basic ways, just. If this were not so, we could not recognize it. Justice is, in other words, not merely something ahead of us and useful in navigating; it is also something behind us which tells us both what we are and where we have come from.

That is why political life is full of people demanding justice on some point or other. With new ideas or changed circumstances, conditions which previously seemed natural come to provoke demands for reform, and justice is the formula for demanding reform. In that rhetorical role, the term can be cheapened and trivialized. Available to everybody with a demand or a grievance, it can focus passions which lead to a descent into civil disorder. Whole societies can collapse into civil war because two sides whistle up the idea of justice to support their contentions. It happened in the United States in 1860, and Hobbes thought it caused the English civil war. He therefore followed another philosophical tradition, which plays down justice as the basis of order and insists that the real issue is peace. Assigning the absolute responsibility for deciding what is just to the sovereign, Hobbes described the just man, with brutal formality, as '*he that in his actions observeth the laws of his country*', thus denying the validity of people consulting their consciences in order to discover some higher justice in conflict with current public policy. It is not that philosophers such as Hobbes did not care about justice, or conscience. 'What are kingdoms without justice, but great robberies?' asked St Augustine, for whom earthly justice could be nothing better than a pale imitation of heaven. It was simply that they thought of justice as inflammable material ignitable by the sparks of passion, and therefore best kept under philosophical lock and key.

The way in which ideals function in political talk may be illustrated by the ideal which we may call indifferently either *liberty*, after the Roman god Liber, a version of Dionysus, or *freedom* after the Germanic term meaning those, dear to the head of the household, who were not slaves. Freedom functions above all as a term of self-identification: identifying, for example, classes of people who do not have a master, and sometimes republican constitutions without monarchical authority. Its broadest meaning distinguishes those ruled politically from those ruled despotically, and it was this meaning to which the West appealed in calling itself 'the free world' as against the despotic rule. Here, then, we have an ideal term towards which we do not need to navigate because (as with justice) we have it already. Our task, rather, is to keep in good repair what we already have.

The most obvious way to construe freedom is negatively: it means not being restrained. In political contexts, this means not having to live one's life under a ruler who has arbitrary powers. It is an easy sophism, however, to argue that if freedom means not being restrained, and if I am, as it were, restrained from doing what I want by lack of money, then poverty is unfreedom. In this way, the term 'freedom' can slip into 'power' and we are well launched on the road towards positing some benign despot who will abolish poverty and equalize our power. Again, Hobbes was no less suspicious of freedom than he was of justice, and he defined it very carefully as 'the silence of the law'. One was free, that is to say, where no constraining legal rule obliged one to conform. The more familiar European tradition, however, has been to define freedom as the condition of living under the rule of law, by contrast with subjection to arbitrary command. Yet even this sensible view conceals possible problems. If freedom is nothing else but the absence of restraint, then how can we be free at the point where a law restrains us from doing what we want? This was the view taken by Hobbes, and his follower Jeremy Bentham, but the point at issue requires us to realize that a law (by contrast with a command) is purely abstract and leaves the discretion unfettered. Most people, for example, are not powerfully constrained by sanctions against solving one's problems by murder. They grow up instinctively excluding it as an acceptable option.

As they cruise life's boundless and bottomless sea, the passengers on the ship of a particular state might well decide that they want to steam towards something they do not yet enjoy, or enjoy but imperfectly. Such a decision assumes that all can enjoy the ideals that attract them.

This is a profound mistake. The reality is that our character and our culture at a given time limit what is possible for us; only certain sorts of people can enjoy certain sorts of ideals. Criminals, for example, are not very good at justice, though they often have remarkable capacities for honour. Again, the Western ideal of freedom is irresistibly attractive to many in other civilizations, but depends on forms of self-control which are not easily acquired. Reckless and visionary theorists have persuaded many to discern a destination adjacent to freedom called 'liberation' and it has induced excitable passengers on leaky ships of state to agree to violent changes of direction. Some have foundered, and not surprisingly, because as Rousseau and others have pointed out, when slaves revolt, they will not create a free society, but merely change their masters. The paradox of freedom is the fact that it can *only* be a possession we already have. As an ideal to navigate by, it must always be an illusion.

The ideal of democracy has many features similar to that of liberty. Beginning life as a humble constitutional term, it has grown so big that it threatens to take over the territories of both freedom and justice. It is easy to illustrate the simpler ways in which democracy might do this: no one can be free, Rousseau argued, who does not participate in making the laws under which he lives. Rousseau himself was too sensitive a philosopher to move directly from this proposition to the idea that only democracies are free (he thought democracy a constitution requiring gods to work it), but many others have. There are many ways in which democracy might digest justice, though the idea that only democracies are just would have the implausible implication that all but a tiny handful of societies in history have been unjust.

Democracy supremely illustrates the way in which political ideals have in the modern world expanded beyond the arena of the state and been set up as criteria of value in those other associations which (as we saw in Chapter 6) constitute modern life. A democratic *society*, for example, might be thought a contradiction in terms, but has come to mean a society in which everyone leads the same kind of life and disposes of similar resources. A democratic *culture* is one liberated from élitist standards of what constitutes beauty. Sometimes there is even talk of democratizing the *economy*, which generally means turning factories into worker cooperatives. Even manners can be democratic, and democracy was the term the French historian Alexis de Tocqueville used to describe the American society which he thought would supersede the aristocratic customs of Europe.

The societies in which Westerners currently live are all in basic ways just, free, and democratic. These terms, when elaborated by philosophers, plausibly describe our philosophical foundations. But each of these terms can be refined by philosophers and rhetoricians (each in a different way) so as to shimmer before us not as customs and conditions we already enjoy, but as new directions we might take. They turn into social justice, liberation, and real or strong democracy, and guide our strivings. One type of politics is, then, navigation by ideals. The problem is, of course, that you can only steer by one star, not by several scattered over the heavens. That means that those who promote the claims of one star rather than another must show that it is the one star which will lead to the satisfaction of *all* our strivings. But since many of our strivings are mutually contradictory, we must give up either some of our strivings or some of these destinations. And that is why the direction of politics must always be an outcome of changing judgements about conflicting desirabilities. Ideals are important in politics, but in the end realities must determine where we go, and how fast we travel.

Chapter 11
Studying Politics Scientifically

The idea that governing a state is like steering a ship is so marvellously seductive that it dominates modern politics. The metaphor has spread into discussions of purposes, policies, strategies, programmes, and other bits of terminology suggesting that there is a 'we' that can determine the future of vast and complex societies. Parties at election times compete for votes with promises of benefits, while experience shows that problems are solved, if solved they ever are, only at the cost of creating new ones. This is, no doubt, the human condition, but within that condition we may perhaps have a limited choice between facing our problems as individuals or as collectivities. Some dream of political salvation from the injustices we suffer, while many would echo Alexander Pope's statement of the opposite position:

> **For forms of government let fools contest.**
> **Whate'er is best administered, is best.**

If governing a state is like steering a ship, however, what we need are reliable facts and sound explanations of how the vessel works. The place to find these, it is widely believed, is in science. So far we have looked at the history of politics, and we then turned our attention to the ways in which it is experienced. Let us now move from history and practice to science.

The important thing to realize is that seeing politics scientifically requires a complete change of perspective. The way we experience politics is as a drama of character, convention, and circumstance. Political science requires that we forget about individual differences and construe politics, over time, as a *process*, analogous to what happens in nature. We have seen that the ancients did this by detecting cross-generational cycles in the movement of politics, a powerful idea even today, and one used to great effect by Machiavelli. Religion, he remarked, 'brought forth good institutions and good institutions led to good fortune, and from good fortune came the felicitous success of the city's undertakings'. He followed Polybius and other ancient writers in arguing that each constitution collapsed from its inherent defects. Such cycles are only marginally affected by the individual qualities of those involved. He does note, however, that many such cycles never complete themselves because weakness, caused by disorder in a state, makes it prey to conquest by neighbours who are outside the system within which the cycle is working itself out.

The idea of a system, that is, a set of mechanical components having a fixed relation to each other, is central to conceiving of politics scientifically. A car engine is an example of such a system: when a car breaks down, a mechanic may be able to fix it. We often think of an economy as a piece of machinery whose outcomes an outside intelligence, such as a government, can direct, rather as if the government were the owner of a car and wanted to enhance its performance, or increase its gearing. Here, then, we have another of those dominant metaphors by which politics is understood: not a body this time, nor a ship, but a mechanism. The politician is an engineer, a mechanic outside the system, trying to make the machinery work the way we want. We must distinguish, too, between what is internal to the system (which in current technical language is called 'endogenous') and what influences it from outside (which is similarly called 'exogenous').

This metaphor underlies political science. The science element consists in the attempt to understand politics as a process or mechanism, and closely related is a technological ambition to use such knowledge to achieve our ends. One difficulty in conceiving of politics in this way is deciding on the boundaries between the endogenous and the exogenous. Where, in other words, does the system end and the outside manipulative intelligence begin? When Charles de Gaulle intervened in French politics in 1958, for example, and set up a whole new constitution (or system) in the form of the Fifth Republic, was he a *deus ex machina* outside the system, or was he part of the wider system constituted by the tradition of French politics? The answer is, of course, that it all depends on the rules of the intellectual game of understanding being played. The American Founding Fathers can be regarded as setting up a system of rules within which their successors have operated.

When we deliberate about something, we assume ourselves to be free and outside any system, but when other people deliberate about us, they take us as having fixed and more or less predictable characteristics within a system of understanding. It is a current philosophical cliché to insist that no one can escape the determining system constituted by race, gender, class, history, or other abstractions, and in one sense this is obviously true. But it would only be an interesting truth if the system constituted by race, gender, class, and history could tell us just how people are going to act. Since it cannot, we are left with a vacuous determinism: we can't escape – whatever it is that we can't escape!

Political science rests, then, on a foundation best understood in terms of the metaphor of engineering. It also rests upon a rhetoric which contrasts image, stereotype, fiction, myth (and the term 'rhetoric' itself) with fact, evidence, reality, and other such hard, gritty, impressive terms. Building on these foundations, political science uses its materials to construct a grand edifice of theory – and, today, such materials! The political scientist first appears before us as the proprietor of a bottomless mine of data. Data is (the Latin plural has become a collective singular) the set of facts which can be used to construct and test theories: the whole of history can be melted down to provide one kind of data for the political scientist advancing a theory of, for example, revolutions. The modern world may almost be defined as a progressive intoxication with data. Civil servants collect it, statisticians refine it, and computers store it. The political scientist is in danger of becoming like those generals whose intelligence is so vast that the plan and timing of the enemy attack are known but unrecognized because so much other information is flooding headquarters.

A vote is a piece of data, and so is the answer to a pollster's question, and all over the world the volume of this kind of information is expanding exponentially. Votes and opinions only become data, however, if turned into abstractions constituted by the limited choice offered in the election, or the answer to the pollster's question. Data begins in homogenization, and must always in the end defeat the many ingenious attempts which are made to incorporate complexities, such as the degree of enthusiasm of the voter, or the qualifications of the respondent. It is not just that such complexities are not, in principle, capable of being turned into data; it is rather that the relevant information is not always consciously available to the respondent at the moment of response. Human beings are more than compositions of conclusions held with varying degrees of intensity.

Politics as the political scientist sees it is, then, systems thickened with data, and the aim is to find causal connections between them. In this search, the analysis of modern societies into distinct associations (which we studied in Chapter 6) is an invaluable framework of thought – but also one which threatens to destroy political science itself. For if the causes of what happens in politics are to be found in the economy, or social processes, or even culture, then politics is merely a set of effects, and loses its autonomy as a free and self-determining activity. One consequence would be that there is nothing in politics for a science to study.

Politics *is* in fact autonomous, though it is obviously closely related to other human activities and structures. The basic question in political science is: what causes such and such a political phenomenon? Why, for example, do governments sometimes win elections and sometimes lose them? It may be possible to find part of the answer to this question within politics itself: for example, in the superior party organization of the winner. But what often appeals to political scientists as a more profound explanation will be an explanation outside politics altogether – in, for example, the apparently separate thing called the economy. One simple hypothesis of this kind has been that governments get re-elected if the election is held on a rising curve of the trade cycle. If this were in fact true, it would illustrate the maxim that knowledge is power. All that a government need do to win an election is to engineer a boom as the election approaches.

The two obvious problems are, first, that the economy is not a domesticated pet which will do what it is told, and second, as it happens, that the hypothesis is in any case false. As is common in political science, the correlation is interesting but the causal nexus is feeble, even though the elements of the relationship – the consumer and the voter – are unified by being the same person.

There is a further problem which can be illustrated by one of the early projects of creating a political science in its modern form. At the turn of the twentieth century, the first wave of academic political scientists attacked some of their theoretical predecessors for the supposed mistake of assuming that human beings were entirely rational. This mistake had allegedly been made by politicians and theorists who had tried to appeal to voters in terms of purely rational argument. The new political scientists triumphantly pointed out that image, stereotype, the emotions arising in crowds, family background, and many other irrational factors were actually the main determinants of political behaviour. As often happens in such critical interactions in academic life, the two sides were to some extent at cross-purposes – the new political scientists taking for a factual assumption what was actually a normative argument designed to elicit more rational attitudes to political policy.

Even more fundamental than critic and criticized being at cross-purposes is the fact that the project of political science is limited by having to assume that human conduct is essentially non-rational. Science turns whatever it studies into a natural process which is not affected by thinking, because thought is the capacity to construe the world in a variety of ways, and how human beings act depends on these unpredictable constructions. Human conduct thus lacks even the regularity found in the natural world. The observation that governments often win elections which are held on a rising or high level of prosperity, for example, can be turned into something like the causal hypothesis that citizens, happy with this condition, tend to vote for the incumbent government. But it is because human beings are reflective, and the world can be seen in many other ways beside that of prosperity or its absence, that the hypothesis lacks real force.

There are, indeed, a variety of different forms of irrational human behaviour as it is studied by psychologists, and to this extent political science in the twentieth century has generated a vast number of fascinating hypotheses and helped to organize in interesting ways the information which is in fact indispensable to understanding the politics of any particular nation. But, in the behavioural form we have just been sketching, it has proved something of a disappointment, and fallen behind a new model of political science which tackles the problem from the other direction. Instead of concentrating on emotions and reflexes, rational choice theory concerns itself with rational deliberation. Politicians and voters are constantly making choices, and we choose in terms of our preferences as modified by our ideas about the probable course of events. This is called 'expected utility' and can be studied in terms of a formal logic of preference. A particular development of this study looks at the relations between separate decision-makers choosing 'strategies' in what are (misleadingly) called 'games'. The question asked by rational choice theorists is: under what conditions is it rational to choose a strategy of co-operation with others (paying for public goods, such as parks or defence, for example) as against what (on these assumptions) is the most immediately obvious rational strategy, that of pursuing one's individual advantage, and being a 'free rider' on what others have paid for?

These issues are often analysed on the basis of the famous prisoner's dilemma, in which two prisoners kept incommunicado by the sheriff must decide on their strategies. The conditions are that if A confesses and B does not, then A gets off with a light sentence and B a heavy one. If B confesses, it will be he who gets off lightly and A who will suffer. If they both confess, they will both get quite a heavy sentence. If, however, they trust each other, and neither confesses, both will get the lightest sentence of all. Trust is thus, in this game as in life, risky, but it can also have the greatest pay-off. It is remarkable how extensively this unlikely structure can be formalized to cover everything from the foundation of states to international relations and the provision of public spaces.

This axiomatics of choice has generated a large and impressive technical literature. What it illustrates is the propensity of political science to become colonized by economists, for the agents theorized in this way are basically economic actors. And it is this fact which explains what might well seem to the reader a contradiction in our argument. We have argued that political science can only understand human beings as irrational, mere responders to stimuli. Yet here in rational choice theory we have a form of political science which explores the choices of rational agents. Surely, then, political science can accommodate rationality?

The crux of this matter lies in what we mean by rational. We need not here go into the distinction between the concept of reason in classical philosophy on the one hand and the significantly different 'instrumental rationality' of abstract economic actors on the other. All we need to observe is that when human beings act, they seek *both* to realize the desires which impel the action, *and also* to express themselves in conserving a chosen identity. Rational choice theory can in a limited way turn the first element into a formula by quantifying and ordering preferences, but it cannot deal with the other element of action. And it is particularly the case in politics (and less so in economics) that this element of our conduct is especially prominent. Critics of rational choice theory have been especially savage in attacking its blindness to the way in which people of different cultures conduct themselves.

The scientific study of politics is, then, a great but limited achievement of our century. Like any other form of understanding, it gains its power from its limitations, but it happens that the specific limitations of science in its fullest sense are especially restrictive in the understanding of human life. But political science often escapes this limitation by ignoring the strict requirements of science as a discipline. Much of its material is historical and descriptive, as indeed it must be if we are to recognize that any understanding of the government of modern states cannot be separated from the culture of the people who live in them.

Chapter 12
Ideology Challenges Politics

Politics, along with physical labour and childbirth, is in Christian terms one of the curses of mankind. Machines have taken much of the sting from labour, and childbirth is no longer the pain it was. But what of the curse of politics? If men were angels, no government would be needed. But since some sort of government *is* needed, could we not find a better solution than the states revealed to us by history as riddled with war, poverty, and violence? High hopes of this kind have often erupted among the poor on the margins of politics, and have sometimes captured the centre. Such hopes unmistakably derive from a millennial version of Christianity, and they have had explosive consequences.

Anabaptists believing in the imminence of a new heavenly order took over the German town of Munster in 1534, for example, and instituted what was thought to be a perfect community. It bore a remarkable resemblance to modern totalitarianism. A tendency to religious despotism was evident in the English civil war after 1642. 'It is God's design', a clergyman wrote in typical vein, 'to bring forth the civil government, and all things here below, in the image and resemblance of things above.'

A powerful tradition with its roots in philosophy has also focused attention on the project of a perfect society. Many have been bewitched by Plato's account of the philosopher escaping the cave of shadows in which most people live and seeing the reality of things. The true ruler could only be the philosopher, for only philosophers had access to the knowledge needed to guide a true community. Much later, the eighteenth-century *philosophes* thought that their grasp of reason constituted the knowledge needed to bring justice to the world, a process many of them could not distinguish from sweeping away the *ancien régime*. It was these writers who abandoned the traditional Western loathing of despotism, for they recognized that the new order demanded not only knowledge but also unlimited power. The European state, largely bound by constitutionality and the rule of law, was for this very reason doomed to imperfection.

The modern soil in which these ideas has grown was prepared by Francis Bacon, who took the purpose of human life to be the accumulation of useful knowledge in the cause of improving human conditions. By the end of the eighteenth century, technology had acquired such power over nature that advanced thinkers were already dreaming of exercising the same sort of power over society. Their first adventure came in France in 1789. The fact that it culminated in blood and tyranny merely sent them back, as it were, to the drawing-board.

Many streams of thought fed an aspiration which resembled the search for magical power. Religious speculations about God's progressive revelation and the pantheist idea that God *is* the creation, rather than an external creator of it, spread into philosophy. In Scotland, a number of thinkers such as Adam Smith and Adam Ferguson saw the history of humanity as a progression of stages of evolution: people had evolved from nomads to a pastoral society which had given way to agriculture and culminated in the commercial society of modern times. Each step was taken to be a higher form of civilization, guided by what Adam Smith called the 'invisible hand'. In Germany, these and many other ideas came to be influentially expounded by the philosopher Hegel, who revealed to his readers that history, which sceptics saw merely as an up and down ride over the bumps of human folly, actually exhibited a rational structure. Hegel thought that history progressed; the subjects of a modern state enjoyed a fullness of experience which had merely been potential in earlier societies.

Hegel's was a formidable and complex philosophy, but it conveyed apocalyptic strivings to a group of young disciples who thought that he had solved, or at the very least nearly solved, the riddle of human existence. The most famous of them was Karl Marx, who fused Hegel with the burgeoning socialist ideas of early industrial Europe. Marx detected the fall of man in the institution of private property which had apparently emerged after the nomadic stage of primitive communism. The destiny of mankind was to recreate that early communal idyll in an advanced technological form, and that achievement it was which had necessitated the sufferings of history.

It was Marx's characterization of the modern world which gave him such influence. Hegel had argued that after the slaveries and oppressions of history, modern Europe had at last achieved a civilization in which all were free. Marx revealed to his followers that this formal freedom was actually the most subtle form of oppression ever created. Moderns were, on the view Marx and Engels sketched out in the *Communist Manifesto* of 1848, little more than puppets moved by the mysterious force of capital, which induced them to trade, migrate, work, and even think according to the concealed logic of the capitalist mode of production. There had been socialisms before, but Marx claimed that his was the first *scientific* socialism – the knowledge of the human condition which at last, after millennia of being buffeted by the waves of historical necessity, allowed mankind to seize the helm of the ship of state and guide it to port. It only required those who had this knowledge to seize the bridge in a process called revolution.

This was so brilliant a vulgarization of long-standing religious and philosophical themes that it has continued to fascinate subsequent generations. It combines a simple melodrama attractive to the people it was designed to mobilize – the unsophisticated proletariat – with an apparatus of ideas that could excite more intellectual followers. Hegel had been tempted to think that history had, in a sense, come to an end; Marx adopted the idea and located it in the future, as a project to be struggled for. Unlike Hegel, Marx consigned the state to what later Marxists called 'the dustbin of history'. Indeed, a great deal of what had hitherto constituted civilization would disappear in the new epoch: morality, for example, and law. Philosophy itself, that tortuous wrestling with complicated abstractions dating back to Thales and the Greek pre-Socratics, would be replaced by a direct, unmediated consciousness of human reality, available to all. As Marx wrote in one of his most famous utterances: 'The philosophers have only interpreted the world; the point is to change it.'

Marxism is important not only historically, but also because it served as a model for many later revelations of the same kind. Its devotees experienced the immense excitement of people for whom all the confusing elements of life had suddenly fallen into place. It was thus quite different from political writing. One might be a passionate liberal or conservative, support parliament or the king, advocate or oppose the extension of the franchise, and so on, without in any way imagining that these enthusiasms constituted a revelation. Indeed, in an age in which Christian belief was declining, Marxism was the economy package which supplied its followers with a politics, a religion, and a moral identity all in one. For this very reason, it is not a political doctrine, though if its claims were accepted, it would be something very much more significant. Political doctrines give reasons; they talk to each other. Marxism could only declare the truth. For Marx, politics is merely the froth cast up by deeper processes. We thus need to distinguish Marxism and similar revelations, on the one hand, from political doctrines, which have a quite distinct logic, on the other. We may call these doctrines, which promise an earthly liberation, ideologies, and our next task must be to explain this curious word.

It was invented in 1797 by a French philosopher called Destutt de Tracy who had recently survived the Terror by the skin of his teeth. Tracy was working on the central project of the *philosophes* of that period: to clarify the understanding by bringing concepts to the test of experience and discarding those that failed. He might have called this new science psychology, but thought that its derivation (from the Greek *psyche* meaning 'soul') might convey something unacceptably spiritual. So he invented 'ideology' and it caught on. Its proponents were soon called *idéologues*. As liberal republicans in the confused decade of the Revolution, they came to support a rising young officer called Bonaparte. He soon discarded them, referring contemptuously to *les idéologues* as theorists whose meddling in politics did more harm than good. Destutt de Tracy continued to develop his science of the understanding, over four volumes, up to 1815, but 'ideology' for the moment survived merely as an occasional term with which to express contempt for impractical intellectuals.

In 1846, Marx and Engels wrote a huge work called *The German Ideology* in which they attacked their former associates in the circle of young Hegelians. Possessing, as they believed, the truth about how society worked, they needed a term to describe the false beliefs of those (especially the bourgeoisie) who had failed to transcend their social situation. They took up the word 'ideology'. This work was not published until 1926, but the word was launched in a new direction. And already it will be clear that it contained two quite opposite ideas: that of truth and that of falsity. Ideology meant (for the ideologues themselves) a philosophical hygiene revealing truth, and (for Marx) the very falsity which needed to be cleansed. The problem of apparent contradiction disappears, however, when one realizes that the falsity of those false ideas is guaranteed by the truth of one's own ideas. Ideology refers, as it were, to the negative and positive poles of a dogmatic conviction. Marxists had a true understanding of the world, and therefore whatever contradicted them must be false – that is, ideological, which meant both false, and false *because* reflecting the wrong social location. The same ambivalent usage marks anarchist versions of the truth, or those of radical feminists. So long as one grasps this symbiosis, the term ideology can be used without serious confusion as referring *both* to the truth, and *also* to all the other beliefs which are judged to be false *in terms of that belief*. Ideology thus exhausts the entire field of truth and error, so long as one judges that one knows, as Marx and his followers thought they did, what the truth is.

We need to follow the adventures of this word a little further. The first adventure happened within Marxism itself. Marxism asserted that ideas reflected material conditions, and the false ideas of the bourgeoisie, reflecting bourgeois conditions, were 'bourgeois ideology'. But since all ideas were thought to be socially produced, the question must arise: where did communist ideas come from? The solution was that they bubbled up from the experience of the proletariat who were destined to bring truth-revealing communism into existence. Marxism in these terms was the ideology – the socially determined ideas – of the rising proletariat, which happened also to be true. Such is the view taken, for example, by Lenin, the most famous Marxist of his generation.

A second development resulted from the growth of political science as an academic discipline, especially in the United States, towards the end of the nineteenth century. Among the materials on offer for study were the rather miscellaneous theories of all those who had written, in one idiom or another, about politics. Words like 'theory' and 'doctrine' lacked the requisite technical panache for a developing inquiry, so 'ideology' came to be used to refer to this entire miscellany of beliefs, including both political ideas and what we are here marking off as a special kind of intellectual creation. 'Ideology' was foreign, and impressive-sounding, and was to generate many books with chapters recounting the arguments of the various 'isms' of which political debate is composed.

The story of the word is, then, remarkable, covering as it does the true, the false, and the political. Since a whole academic industry has grown up around the project of construing the very many variant meanings of this term, there is a clear case for leaving it to the mercies of nomenclatural mysticism. But its continuity with the past suggests that it remains useful. Ideologies, by contrast with political doctrines, claim exclusive truth. They explain not only the world, but the false beliefs of opponents as well. Ideologists possess the long-sought knowledge of how to abolish politics and create the perfect society. How might one put such a claim to the test? Marx himself wrote in the *Theses on Feuerbach* of 1846 that theoretical problems find their solution in practice. The logical character of Marxism, as of other ideologies, is by this test revealed in the actions of its followers when they come to power. What they have invariably done is to institute a reign of truth, in which discussion disappears and nothing else but the ideology is taught in schools, universities, the media, the law courts, and everywhere else. And this characterstic is a universal truth, unaffected by culture. In Cuba among the Spanish Americans, in many states in Africa, and most notably in the Soviet Union until its collapse, exactly the same policy was adopted, for it follows directly from the ideology itself.

It is easy to confuse ideologies and political doctrines, because how they look is always in large part determined (as with all rhetorical exercises) by audience and context. Communists and other ideologists operating in liberal democratic states must present their beliefs *as if* they were merely policy options to be supported by general and arguable reasons, for ideological dogmatism merely looks absurd except in conversation with fellow believers. On the other hand, enthusiasm may infect *any* political doctrine with the belief that its principles alone can save the world from evil. Libertarians who believe that political problems are caused only by governments interfering in the natural contractual relations between individuals are moving from a rhetorical to an ideological logic. 'Democracy' is sometimes the watchword of those who think that all political problems could be solved if only we became (what we are not yet) a *real* democracy. We may say that the constitutive illusion of ideology is that there is a possible structure of society whose achievement would allow rational actors to create a happy world.

Ideology is commonly signalled by the presence of a tripartite structure of theory. The first stage reveals to us that the past is the history of the *oppression* of some abstract class of person. It is concerned with workers as a class, not (as a politician might be) with workers at a particular time and place; or with women in general, or with this or that race. Specific discontents are all swept up into the symptomatology of the structurally determined oppression. The duty of the present is thus to mobilize the oppressed class in the *struggle* against the oppressive system. This struggle is not confined to the conventional areas of politics. It flares up everywhere, even in the remoter recesses of the mind. And the aim of this struggle is to attain a fully just society, a process generally called *liberation*. Ideology is thus a variation played on the triple theme of oppression, struggle, and liberation.

Politics, by contrast, assumes that any state will contain many ways of life, and that a responsive political order must make it possible for its subjects to follow their own bent. One implication of this practice is that most of life will *not* be about politics, any more than most of football consists of arguing with the referee. The doctrine that *everything* is political is an infallible sign of the ideological project of replacing the rule of law by the management of people. A further implication is that society will necessarily be imperfect, for if it allows people to be morally responsible, some of them are certainly going to be irresponsible.

Ideology challenges politics in the name of an ideal in which all desires are satisfied, but it first simplifies the issue by ruling out of court all but a remarkably limited schedule of approved desires, usually called 'needs'. The word 'community' often stands for a simple way of life which we all live in a single basic role, as comrade, sister, hedonist, or mere human being. The classic ideologists of the last two centuries dreamed of the drama of revolution. Their only conception of political activity was working to make this grand event come about. No moth ever flew into the flames with more enthusiasm than the revolutionary. Revolutions have turned out to be what drug users called 'a bad trip', but the dream from which the drama emerged is far from dead. We must next consider how it mingles with deeper currents of contemporary thought.

Chapter 13
Can Politics Survive the Twenty-first Century?

Machiavelli recounts in Book III of the *Discourses on the First Ten Books of Livy* the story of a rich Roman who gave food to the starving poor during a famine, and the Romans executed him for it. They reasoned that he was building up a following in order to become a tyrant. This response highlights the tension between morals and politics, and shows that the Romans cared more for freedom than for welfare. It throws into relief the fact that the way we judge actions depends on our idea of what politics is. Junius Brutus, who liberated the Romans from the tyrannical Tarquins, later executed his own sons for conspiring against the new regime. Does this show that politics is a dirty business, or that it calls on the most heroic dispositions possible to human beings? Certainly these Romans cannot be fitted into the modern view that politics is merely a service industry allowing us to get on with the game of life, or that rulers must create a perfectly just society.

Modern politicians and civil servants augment their power by giving food to the starving and the needy, but we do not execute them for it. Does this mean that we do *not* care for freedom? I do not think so, but the contrast between us and the Romans does raise some sharp questions. They are questions which bear upon the future of politics itself, and speculating about the way things are going is a major element of political thought. There is no junction in politics more important than that between present and future. Let us consider, then, as a model of this kind of argument, the issue of morality and politics. It may be put this way: philanthropy, charity, altruism, and helping the poor are perhaps morally admirable. What is their political significance?

Our question becomes even more penetrating if we remember that politics was born out of certain historical conditions, and might well die in the same way. It might die because something new and better is being born; or possibly because something very old and resilient is taking a new form. But if the activity of politics *were* to die, the institution of the state would go with it. To attack the one is to threaten the other. We have already discussed the ideological challenge which attacks the state in the name of a perfectly just society, where 'society' is a key term, partly because its real character is conveniently vague, and partly because society can stand (as the state cannot) for a *single* system of life. This single system would replace politics by moral judgement, and would be a perfect society in the curious sense that there would be no crime, greed, or poverty because people would have been perfectly socialized. Since it would be a moral perfection without effort, we could describe it indifferently either as the triumph or the extinction of morality. Such is one version of the paradox we are exploring.

We may call this influential project 'political moralism'. It can be seen working in a number of different areas, and we may illustrate the way it works by looking at the project that the nationally sovereign state should be replaced by the emerging international moral order. Sometimes internationalism is presented as a project to be supported; more commonly it appears as an analysis of the inevitable (and desirable) movement of affairs.

The first problem to which internationalism is an answer is that of war. We earlier saw that dynasties were thought to be the cause of war, and republics the solution. In this new version of the claim that war results from bad institutions, the nationally sovereign state is taken to be the cause of war, and the growth of international government to be the solution. The theory that bad institutions cause social evils assumes that human beings are plastic creatures who reflect the institutions in which they find themselves. It assumes, that is to say, that there is little or nothing that can be called 'human nature'. If human beings are malleable in this way, then it would seem to follow that we might be able to solve not merely the problem of war but the even more fundamental problem of justice itself. And, following this thought, some internationalists seek nothing less than a just distribution among all the peoples of the world of the material and moral benefits (namely, rights) available in the modern world. As this doctrine is spelled out, the ambition to replace politics by morality is revealed as involving abolishing the two central pillars of politics: the individual, as self-interested, and the nation-state, on the ground that it is merely the organization of collective selfishness, sometimes called nationalism. Morality in this form of argument is identified with nothing else but unselfish giving, and politics is taken to be a dirty business.

A project of this kind needs to explain why all the generations from Adam to Aquarius have failed to make much progress on this major improvement in the human condition, and here the argument of contemporary political moralism borrows an explanation from ideology. Justice has hitherto been blocked (so it is said) by the interests of the dominant élites who have always controlled the state. In older versions, this argument juxtaposed rich and poor, bourgeoisie and proletariat, imperialists and subject peoples. More recent theory has focused on the relationship of oppression: whites oppressing blacks, men oppressing women, and so on. And while much of this is melodramatic caricature, it does correspond to one central feature of politics from the days of Solon to the present.

That feature is the fact that politics has been the business of the powerful: citizens, nobles, property-owners, patriarchs – all had power and status. It was essential to the idea of the state, in all its forms, that it should be an association of *independent* disposers of their own resources. The rights of this élite were, over the centuries, generalized to become the modern rights of universal citizenship, but they first became operational as the status enjoyed by the powerful few. It was precisely because the state was composed of masterful characters that it could not turn into a despotism. Having projects of their own, powerful individuals of this kind had no inclination whatever to become the instruments of someone else's project. This is the sense in which despotism and politics are precisely opposed, and the state was distinguished by the right of the individual to dispose of his (and in time her) own property.

Political moralism, however, takes the independence of citizens not as a guarantee of freedom but as a barrier to the project of moralizing the world. Independent individuals disposing of their own property as they please are identified with selfishness and taken to be the cause of poverty. A socially just world is thought to require a rational distribution of the goods which pour so abundantly forth in a modern society. But states whose authority is constitutionally limited to ruling by law are imperfect instruments for the immense task of rational distribution, and of the resulting necessity of rectifying the attitudes on which injustice is founded. The entity called 'the state' could, however, become adequate to this formidable task if it were to change its character. And this character does in fact tend to change with every access of central power to dispose of the wealth an economy generates.

Modern politics is thus generating a remarkable dilemma. Moralizing the human condition is only possible if we can make the world correspond to some conception of social justice. But it turns out that we can only transcend the inequalities of the past if we institute precisely the form of social order – a despotism – which Western civilization has immemorially found incompatible with its free and independent customs. The promise is justice, the price is freedom.

Like everything else in life, politics is about hard choices, and the nicest thing to do with a hard choice is to evade it. Semantic abracadabra helps. A quite new sense of 'politics' has emerged to do this work, and unless we keep track of it we are all at sea in understanding the modern world. The essence of this new meaning is that 'politics' is made to cover every small detail of life. It is a semantic drift which happens quite unselfconsciously. Let me illustrate at random. The images of a photographer who has blown up the wrist scars from a suicide attempt are described in the press as 'a finely tuned balance between the confessional, the formal and the political'. The producer of a television soap opera who has put child-beating, lesbianism, kidnapping, and other social issues into the programme is quoted as saying: 'It's been my conscious decision to put politics back into the programme.' Here politics has broken out from its familiar haunts in legislatures, ministries, and hustings and roams the streets and invades the remotest corners of kitchen and bedroom. It has become identical with values as a whole.

Let us make the contrast precise: politics in the modern world has generally been the activity of dealing with the business of a civil association, the state, which provided the formal framework within which individuals could produce and consume, associate socially with each other, worship or not worship, and express themselves in art. Politics was strictly defined by its limits, and the limit was what was necessary for this complex civilization to work.

In this new sense of politics, however, there are no limits: where people cut their wrists, or children are beaten, or lesbians are not fully accepted, *political* action ought to be taken, and what it requires is that attitudes should be changed in order that, ultimately, harmony will prevail. Politics becomes, in a famous formula in political science, 'the authoritative allocation of values'. In other words, it is the business of society to tell us what we should admire and condemn.

It would be hard to exaggerate the range and significance of this transformation. How has it been achieved? By what leverage? The broad answer is that public judgement has not only come to denigrate what is independent as selfish, but to focus upon the sufferings of the dependent poor as a moral indictment of our social arrangements. From early modern times, the state had arranged through the Poor Law that parishes should be responsible for the indigent, but except as on occasion threatening disorder, the poor have not until recent times been politically significant. In the course of the nineteenth century, however, as the suffrage broadened, welfare came to be as interesting to rulers as war had always been. Foreign enemies, on the one hand, and the poor on the other, were interesting politically because they constituted a reason for exercising dazzling powers of government and administration. The poor became so interesting, indeed, that they could not be allowed to fade away, and whole new definitions of poverty, as relative to rising levels of average income, were constructed in order not only to keep the poor in being but actually to increase their numbers. Simultaneously, new classes of supposedly oppressed members of contemporary society began to use poverty leverage to extract benefits in redistributive states.

This is how the state in the twentieth century discovered dependence, which had previously occupied no more than a small patch in the sphere of morality. One moral virtue, charity, in a politicized form, expanded to take over politics. This was a significant development for many reasons. One of them is that dependence is a particularly interesting concept, since it reveals the direction of religious thought. The essence of Christianity is that we are all entirely dependent creatures of God. The atheists of the nineteenth century thought God merely a consolatory fantasy, but were no less insistent that man was a dependent creature. Here, however, the dependence was not on God but on society. In Marxist terms, for example, bourgeois individualists, as people suffering from the illusion that they are self-created, correspond to those who in Christian terms suffer from the sin of pride: they have put themselves, instead of God (or society) at the centre of the universe. In terms of this new religious tendency, self-interest is a sin because it proclaims the self to be independent of society. The ideal is that we should all altruistically contribute to society, and receive from it only the health, education, and other services which society provides equally to all.

Politics is, then, so inextricably bound up with our humanity that a transformation of the state affects religion, culture, morality, and much else. This is no less true when the transformation is happening so gradually that we fail to notice it. Changes here are, as always, masked by the current moral pieties of a society. But we may analyse some aspects of political moralism by distinguishing between the *substance* and the *style* of politics. The substance of political moralism is to be found in the detailed moral attitudes it inculcates: namely that the relief of suffering requires us to be managed by experts who require of us a more self-sacrificing attitude to life.

The style is theoretical rather than practical, abstract rather than concrete. Since the French Revolution, politics has commonly been discussed in terms of doctrine and ideology rather than in terms of what local problems require of the legal system. Even where, as in the liberal democratic West, politics has not completely given way to ideology, it has everywhere been subject to a restless concern with action to implement blueprints for betterment. Tom Paine, for example, thought that the rights of man offered a theory to guide legislators in creating a better society, but he did not think that his generation had the right to bind its successors. In our more confidently theoretical days, politicians understand themselves as engaged in the task of founding once and for all a more just society. Once built, it will not need to be changed.

Its building-blocks are necessarily the hearts of individuals. It rests upon conduct flowing from the right attitudes. And here again we encounter a feature of modern political transformation whose character can best be grasped in the caricature of totalitarianism. It will be remembered that totalitarian leaders flattered and cajoled the masses, declaring them the inspiration of all progress, while in fact taking no notice of them, killing them, and imposing on them the dead weight of ideology. Modern democracies exhibit a parallel development. The rulers are elected by citizens, but treat those citizens as if they were stupid. Indeed, the paradox is that an electorate so confidently treated as stupid by its rulers should yet have the authority to elect those rulers. A notable contradiction is emerging between the theory and the practice of democracy.

The evidence that this is the case is now unmistakable. The French government, for example, mounts a campaign telling the French people they must be more polite to foreigners. The American government has a Surgeon General who tells Americans what they should eat and drink. In all countries, governments dictate educational policy on the ground that parents, or at least many parents, do not have the skill of knowing what is best for their children. Legislation in many countries covers such things as the jokes subjects may tell. The German government legislates to force its subjects to believe in the Holocaust. The British government supplies helpful guidance on the practice of safe sex.

These emerging features of modern government give us the clue to the significance of the poor and the dependent. They are the lever by which governments accumulate power over everyone, dependent and independent alike. The working assumption of political moralism is that everyone is both dependent and stupid, which is the safest assumption to make given that a perfect world cannot allow error to creep in. Morals and manners are feeble props of a perfect society because human beings often behave in immoral and ill-mannered ways. But it is not merely conduct which has become part of this new form of politics. The very character of the people must be changed, especially that of the groups identified as oppressors. Men must cease to be 'macho', employers less 'grasping', heterosexuals must abandon any 'privileging' their ideas on romance or the family, whites must become more considerate to blacks, and so on. And according to the medical authorities in all Western countries, everyone must become less obese, suicidal, and addicted to alcohol.

We may sum this up by saying that the more the style of what used to be called politics becomes theorized, the more political problems come to be reinterpreted as managerial. Working out the least oppressive laws under which different and sometimes conflicting groups may live peaceably together is being replaced by manipulation and management of the attitudes different groups take towards each other, with the hope that this will ultimately bring harmony. In other words, in this new form of society, human beings are becoming the matter which is to be shaped according to the latest moral ideas.

The echo of the past always illuminates. *Cui bono?* the Romans used to ask. Who benefits? In an egalitarian world, everyone is equal, except perhaps the managers of equality. And certainly in the foreseeable future, there will be endless and not unprofitable work for those whose business it is to spell out in ever greater detail the rules of the game of life, and to adjudicate conflict, and to teach the benighted what thoughts a just society requires. Politics will have died, but everything will be politics.

This introduction ends, then, with an example of political theory, an argument likely to provoke disagreement, perhaps even a bit of outrage. And if it does do that, it will have succeeded in illustrating one more aspect of the many-sided thing we have been studying. Farewell.

Further Reading

First, the classics of political thought, which are remarkably readable (that is how they got to be classics) and constitute a reference language in which all students of politics discuss the subject. Machiavellian, Hobbesian, Marxian, etc. are key political terms. The books listed here are available in a variety of different editions.

Plato: *The Republic*
Aristotle: *Politics*
Machiavelli: *The Prince*
Hobbes: *Leviathan*
Locke: *Second Treatise of Government*
Rousseau: *The Social Contract*
Burke: *Reflections on the Revolution in France*
John Stuart Mill: *On Liberty*
Karl Marx and Frederick Engels: *The Communist Manifesto*
Alexis de Tocqueville: *Democracy in America*

There are many useful introductory books about political science, international relations, political economy, and related subjects. The following are some significant works, most of which have stood the test of time.

Gabriel Almond and Sidney Verba: *The Civic Culture Revisited* (Sage, 1989).

Walter Bagehot: *The English Constitution* (Fontana, 1988).
Brian Barry: *Political Argument* (Harvester Wheatsheaf, 1990).
Hedley Bull: *The Anarchical Society* (Macmillan 1977, 2/e 1995).
Bernard Crick: *In Defence of Politics* (Penguin, 1993).
Louis Hartz: *The Liberal Tradition in America* (Harcourt Brace, 1962)
F. A. Hayek: *The Road to Serfdom* (Routledge, 1991).
Christopher Hood: *The Art of the State: Culture, Rhetoric, and Public Management* (Oxford University Press, 1998).
Elie Kedourie: *Nationalism* (Blackwell, 1993).
Ferdinand Mount: *The British Constitution Now* (Mandarin, 1993).
Michael Oakeshott: *Rationalism in Politics* (Liberty Press, 1991).
Mancur Olson: *The Logic of Collective Action* (Harvard University Press, 1965).
Arlene Saxonhouse: *Women in the History of Political Thought* (Praeger, 1985).
Robert Skidelsky: *The Road from Serfdom* (Penguin, 1995).
R. H. Tawney: *Equality* (Volume I of Theories of the Mixed Economy, ed. David Reismann, Pickering and Chatto, 1994).
Sidney Verba and Norman Nie: *Participation in America* (University of Chicago Press, 1987).
Kenneth Waltz: *Man, The State and War* (Columbia University Press, 1965).

“牛津通识读本”已出书目

古典哲学的趣味
人生的意义
文学理论入门
大众经济学
历史之源
设计，无处不在
生活中的心理学
政治的历史与边界
哲学的思与惑
资本主义
美国总统制
海德格尔
我们时代的伦理学
卡夫卡是谁
考古学的过去与未来
天文学简史
社会学的意识
康德
尼采
亚里士多德的世界
西方艺术新论
全球化面面观
简明逻辑学
法哲学：价值与事实
政治哲学与幸福根基
选择理论
后殖民主义与世界格局
福柯
缤纷的语言学
达达和超现实主义
佛学概论
维特根斯坦与哲学
科学哲学
印度哲学祛魅
克尔凯郭尔
科学革命
广告
数学
叔本华
笛卡尔
基督教神学
犹太人与犹太教
现代日本
罗兰·巴特
马基雅维里
全球经济史
进化
性存在
量子理论
牛顿新传
国际移民
哈贝马斯
医学伦理
黑格尔
地球
记忆
法律
中国文学
托克维尔
休谟
分子
法国大革命
民族主义
科幻作品
罗素
美国政党与选举
美国最高法院
纪录片
大萧条与罗斯福新政
领导力
无神论
罗马共和国
美国国会
民主
英格兰文学
现代主义
网络
自闭症
德里达
浪漫主义
批判理论

德国文学
戏剧
腐败
医事法
癌症
植物
法语文学
微观经济学
湖泊
拜占庭
司法心理学
发展
农业
特洛伊战争
巴比伦尼亚
河流
战争与技术
儿童心理学
时装
现代拉丁美洲文学
卢梭
隐私
电影音乐
抑郁症
传染病
希腊化时代
知识
环境伦理学
美国革命
元素周期表
人口学
社会心理学
动物
电影
俄罗斯文学
古典文学
大数据
洛克
幸福
免疫系统
银行学
景观设计学
神圣罗马帝国
大流行病
亚历山大大帝
气候
第二次世界大战
中世纪
工业革命